KB212162

NVIDIA

세계 최강 반도체 기업이 만드는

2040 AI 세계

일러두기

이 책의 내용은 일본의 반도체 관련 업계 중심으로 서술되었으며, 국내 기준에는 맞지 않을 수 있습니다. 또한 이 책에 서술된 정보들은 2024년 8월을 기준으로 합니다.

NVIDIA

세계 최강 반도체 기업이 만드는

츠다 켄지 지음 ★ 한선주 옮김

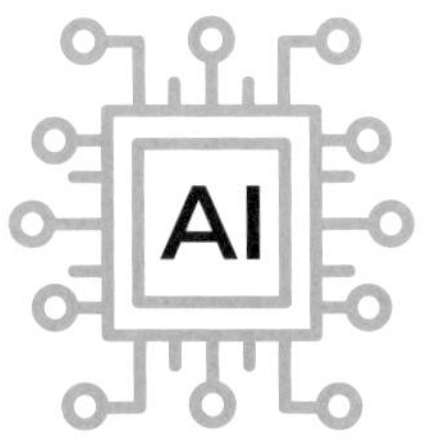

시그마북스
Sigma Books

엔비디아:
세계 최강 반도체 기업이 만드는 2040 AI 세계

발행일 2025년 4월 7일 초판 1쇄 발행
지은이 츠다 켄지
옮긴이 한선주
발행인 강학경
발행처 시그마북스
마케팅 정제용
에디터 최연정, 최윤정, 양수진
디자인 강경희, 김문배, 정민애

등록번호 제10-965호
주소 서울특별시 영등포구 양평로 22길 21 선유도코오롱디지털타워 A402호
전자우편 sigmabooks@spress.co.kr
홈페이지 http://www.sigmabooks.co.kr
전화 (02) 2062-5288~9
팩시밀리 (02) 323-4197
ISBN 979-11-6862-347-7 (03320)

CONTENTS

Chapter 5 반도체란 무엇인가

Chapter 6 주목해야 할 기업과 반도체 공급망

Chapter 7 엔비디아가 주력해온 GPU란 무엇인가

Chapter 8 창업 이후 엔비디아가 AI에 도달하기까지의 여정

Chapter 9 확장되는 기술, 각국 기업과 폭넓은 연계

Chapter 10 AI 기술의 진화는 반도체 진화

Chapter 11 과거의 AI, 현실의 AI, 미래의 AI

제 1 장

엔비디아는 어떤 회사인가

반도체 기업 최초 1조 달러 클럽 가입

2023년 5월, 엔비디아는 시가총액 1조 달러(당시 약 1,300조 원)를 돌파한 기업이 되었다. 그로부터 약 1년 후 엔비디아의 시총은 3조 달러(당시 약 4,100조 원)를 넘어섰으며 한때 전 세계의 모든 기업을 제치고 정상에 등극하기도 했다. 어마어마하게 큰 액수이다 보니 이게 어느 정도의 금액인지 감이 잘 오지 않는 사람도 많을 것이다.

그동안 시총 1위 자리를 지키던 기업은 마이크로소프트였다. 마이크로소프트는 PC 운영 체제인 윈도우를 내놓으면서 PC 열풍을 이끈 중심 주자였는데, 최근 들어 클라우드 서비스에 주력하며 높은 시가총액을 유지하고 있었다. 몇 년 전에 들은 바에 따르면, 마이크로소프트는 30여 개국 50여 곳에 캠퍼스라 불릴 정도로 넓은 면적의 데이터센터를 두고 있다고 한다. 데이터센터란 서버라 불리는 고성능 컴퓨터를 수백

대, 수천 대 설치한 곳을 말한다. 마이크로소프트는 자체 선박으로 광섬유 케이블을 설치해 전 세계의 수많은 컴퓨터를 연결한 클라우드 컴퓨터 서비스를 제공하고 있다. 이제 단순히 윈도우만 파는 회사가 아니라는 얘기다. 그런데 이런 마이크로소프트를 누르고 세계 정상에 올라선 엔비디아는 도대체 어떤 기업일까?

*

2007년경 필자는 도쿄 아카사카의 엔비디아 일본 법인에서 열린 게임기용 GPU 신제품 발표회에 처음 참석했다. 그때 여느 반도체 기업의 발표회와는 사뭇 다른 분위기에 '내가 엉뚱한 곳에 잘못 찾아왔나' 하고 고개를 갸웃했던 기억이 있다. 발표회장에는 게임기용 보드와 컴퓨터용 디스플레이가 전시되어 있었고 소위 '컴퓨터 마니아' 같은 PC 잡지 기자들이 꽤 많이 참석한 듯했다. 이것이 엔비디아와의 첫 대면인데, 당시 엔비디아는 게임기 영상용 그래픽 반도체 칩을 만드는 회사였다.

시간이 흘러 2011년, 필자는 자동차 대시보드용 고집적 SoC(System On a Chip)인 '테그라2'를 취재하기 위해 도쿄에 있는 엔비디아를 찾았다. 테그라2는 자동차 대시보드로 내비게이션을 보여주고 속도계를 액정 화면상에 그래픽으로 표시하는 등, 정보와 오락을 조합한 인포테인먼트 용도로 개발되었다. 하지만 시대를 앞서간 탓인지 차량용 사업은 만족할 만한 결과를 얻지 못했고, 그 뒤로 테그라2와 관련된 이야기는 자취를 감추었다.

그랬던 엔비디아가 2016년에 들어서자 인공지능(AI)으로 방향 전환을 한 것이다.

일본에서 열린 GPU 기술 회의에서 파이토치(PyTorch)나 텐서플로(TensorFlow) 등 주요 AI 프레임워크를 시험해보거나 일본의 대표적 AI 기업인 프리퍼드네트웍스(Preferred Networks)와 협업을 시도하는 등, 일련의 행보를 보며 엔비디아가 AI에 힘을 쏟기 시작했다는 사실을 알 수 있었다. 그래서 필자는 이를 계기로 '엔비디아는 AI 기업'이라고 인식하게 되었다.

AI 관련 창업자 중에는 알고리즘을 개발해서 지금껏 보이지 않았던 사실을 보이게 만들려는 사람이 많다.

그런데 알고리즘을 실행하려면 클라우드 컴퓨터나 슈퍼컴퓨터 같은 고성능 컴퓨터가 꼭 필요하다. 이런 고성능 컴퓨터를 움직이게 하는 기술을 따라가다 보면 반도체라는 결론에 도달하는데, 거기에 있는 기업이 바로 엔비디아다.

유능한 직원에게 베팅하는 엔비디아

엔비디아의 스토리는 아메리칸 드림을 이룬 성공 신화처럼 보일 수도 있지만, 크나큰 실패를 딛고 일궈낸 성공이라는 사실이 잘 알려져 있다. 엔비디아의 스토리를 게재한 미국 최대의 경제 전문지 〈포천〉의 기사

(2001년 9월)에서 관련 내용을 조금 발췌해보겠다.

1993년 실리콘밸리에서 탄생한 엔비디아의 원점은 게임용 그래픽 영상을 그리는 컴퓨팅 기술로, 반도체 칩을 이용해 이러한 기술을 실현하고자 했다.

1995년에는 일본 게임기 업체 세가(SEGA)와 계약을 맺고 첫 번째 칩을 개발했으나 개방형 표준(open standard)이 아닌 자체 사양을 사용하는 바람에 실패의 쓴맛을 보게 된다. 그 결과 직원 110명 중 70명을 해고할 수밖에 없었다고 한다.

대부분은 이쯤에서 포기해버리는데 엔비디아의 창업자 젠슨 황은 포기하지 않았다. 자금을 제공했던 벤처캐피털 서터힐의 짐 게이저(James Gaither) 역시 "처음부터 성공하는 기업은 거의 없다. 나는 엔비디아 엔지니어 팀의 성공을 확신한다"라며 크게 개의치 않는 모습을 보였다.

젠슨 황은 일본 세가의 이리마지리 쇼이치로 부사장에게 연락해 엔비디아의 개발에 문제가 있었음을 사과하고, 계약대로 게임기를 완성하기 어려우니 즉시 다른 파트너사를 찾기 바란다고 솔직하게 말했다.

그러면서 세가의 투자가 없으면 엔비디아는 파산하게 될 거라며 어려운 회사 사정도 밝혔다. 염치를 무릅쓰고 자금을 요청하자 이리마지리 부사장은 그의 부탁을 들어주며 심지어 6개월의 유예 기간까지 주었다고 한다.

후일 젠슨 황은 "처음엔 최고의 기술로 제품을 만들면 결과는 자연히 따라오리라고 생각했다. 하지만 아니었다. 시장과 소비자의 수요를 더 정확히 읽어야 했다"라고 밝혔다.

엔비디아의 공동 창업자이자 하드웨어 엔지니어링 담당 VP인 크리스 말라초스키는 "우리의 조직 문화에서는 전략을 전환하기가 쉽지 않았다. 독자 기술을 개발해 차별화하려는 분위기였기 때문이다"라고 회상했다. 실제로 '독자 기술을 버리고 2인자 전략으로 내려가는 것 아닌지' 고민하며 회사를 떠난 직원도 있었다고 한다.

황 CEO를 비롯한 경영진은 전략을 전환하는 이유에 대해 꾸준히 직원들을 설득했다. 특히 말라초스키는 "우리는 특별한 기술이 아니라 유능한 직원에게 베팅하고 있다는 사실을 깨달았다"라며 중대 발표를 했고, 이를 들은 주요 직원들은 회사에 남아 주었다. 이것이 전혀 새로운 그래픽 칩인 'RIVA128'의 개발로 이어졌다고 한다.

우리 회사에 보스는 없다

그런데 이 RIVA128 칩을 사용하는 대만 기업의 제품 불량률이 30%에 육박한 적이 있었다. 보통은 불량률이 5% 정도, 즉 양품률(수율)이 95% 정도 나오니 불량률 30%는 비정상적으로 높은 수치였다.

엔지니어들은 누구도 설계상의 결함이라고는 생각하지 않았다. 하지만 그렇다고 해서 고객사에 그대로 납품할 수도 없으니 경영 회의에서는 모두가 머리를 싸매고 고민해야 했다.

그때 말라초스키가 "수작업으로 칩을 전량 테스트해보자"라고 말을 꺼냈다. 젠슨 황은 스스로 목을 조르는 격이라며 반대했지만 달리 뾰족한 묘안도 없었기에 결국은 그도 동의할 수밖에 없었다.

이리하여 황 CEO와 말라초스키 등 경영진을 필두로 전 직원이 전수 검사를 시작했다. 밤낮에 걸쳐 말 그대로 수십만 개의 GPU 칩을 하나씩 PC에 얹어 테스트한 다음 다시 빼내어 출하하는 단순하고 지루한 작업을 끊임없이 반복했다. 칩 하나당 5분 정도 걸렸으니 전부 다 합치면 수천 시간에 이르는 방대한 작업이었다. 젠슨황은 "이 작업을 하지 않으면 회사를 살릴 수 없어"라고 중얼거리며 작업했다고 한다.

전 직원이 똘똘 뭉쳐서 완수해낸 이 작업은 훗날 전설로 회자되었고, '다 함께 힘을 모아 회사를 살려낸' 이야기로 모두를 끈끈하게 이어주었다. 그리고 이렇게 만든 칩 RIVA128이 크게 인기를 끌면서 회사의 주머니 사정도 넉넉해졌다.

모두가 합심해서 수행한 이 검사 작업과 다음 장에서 다룰 2016년 AI로의 전략 전환은 엔비디아의 기업 문화에 커다란 영향을 끼쳤다. 이를 계기로 경영진과 직원들 간의 관계가 대등해진 것이다.

젠슨 황은 말한다. "우리 회사에는 보스가 없다. 프로젝트가 우리의 보스다." 이 말은 수평적이고 대등한 관계를 의미한다. 엔비디아는 이렇듯 수평적 조직 문화를 중요하게 여겼고, 이런 분위기는 약 3만 명의 직원을 거느린 기업으로 성장한 지금도 변함없이 이어지고 있다.

TSMC가 보는, 일하지 않는 일본인

"프로젝트가 우리의 보스"라는 말은, 직원 한 사람 한 사람이 책임을 갖고 업무에 임하며 심지어 꽤 많은 재량권도 부여받는다는 사실을 잘 보여준다. 직원 개개인을 믿어주니 일하는 사람의 의욕이 달라지고, 야근 시간에 얽매이지 않고 집중해서 원하는 만큼 일할 수 있다는 뜻이기도 하다.

이 같은 엔비디아의 기업 문화는 일본의 기업 문화와 전혀 다르다는 점에서도 꽤 흥미롭다.

일본에서는 야근 시간에 상관없이 일할 수 있다고 하면 악덕 기업 아니냐는 반응이 나올지도 모른다. 많은 직원이 야근하고 있지만, 엔비디아는 보통 떠올리는 악덕 기업과는 전혀 다른 회사다. 일반적으로 악덕 기업이라 불리는 곳에서는 직원 개개인에게 재량권이 거의 없어 스스로 업무를 할당하거나 결정할 수가 없다. 소위 '떠맡은 일'로 수십 시간이나 야근을 강요당하는 경우가 많다. 그런데도 책임은 져야 하다 보니 결국 우울증이나 자살로 이어진다는 이야기가 들려온다.

엔비디아에는 장시간 근무를 하는 사람도 많은데, 누가 시켜서 하는 게 아니라 모두가 스스로 업무를 할당하고 재량권을 가지기 때문에 설령 일이 힘들다 하더라도 악덕 기업과는 큰 차이가 있다.

야근과 밤샘 근무도 마다하지 않는다는 대만의 반도체 기업 TSMC가 최근 일본에 현지법인을 만들면서 일본인과 함께 일하게 되었는데,

TSMC 관계자에게서 "일본 사람들은 일하지 않는다"라는 푸념이 나온다고 한다. 그렇다고 TSMC가 악덕 기업인가 하면 그렇진 않을 것이다.

'시켜서 떠맡는 일'이 아니라 '스스로 찾아서 하는 일'을 하며 야근이나 밤샘 근무도 마다하지 않는 사람들은 예전에도 있었다. 마이크로소프트의 창업자 빌 게이츠도 그중 한 사람이다. 빌 게이츠가 대학 연구실에 있던 시절, 매일 아침 비서가 출근해보면 항상 빌 게이츠가 연구실 바닥에 드러누워 있었다는 일화는 유명하다.

회사가 야근을 줄이라고 한다고 해서 일이 산더미처럼 쌓여 있는데 무조건 야근을 줄이면, 회사의 매출이 감소한다. 그렇다고 억지로 야근을 시키면 우울증으로 이어질 위험도 있다. 직원들을 일하게 만들고 싶다면 야근 여부도 포함해 스스로 결정하게 하는 것이 중요하다. 재량권을 주는 것과 책임을 지우는 것은 엄연히 다르다. 엔비디아에서는 책임은 어떻게 지게 할까?

예를 들어 어떤 프로젝트의 결과가 좋지 않았다 해도 그건 개인의 책임이 아니라 팀 전체의 문제라고 인식한다. 앞서 말했듯이 엔비디아에는 프로젝트가 보스이고 책임은 팀 전체가 함께 진다는 수평적인 문화가 존재한다. 몇 개월 전 순수 일본 기업에서 엔비디아에 입사한 어느 직원은 엔비디아의 조직 문화에 놀라움을 금치 못했다고 하는데, 긍정적인 모습이다.

벌거벗은 임금님이 되지 않도록

엔비디아는 최근 본사의 신사옥 '보이저'를 공개했다([자료 1-1]). 약 7만 m²에 달하는 건물은 당당한 위용을 자랑하며 컴퓨터 그래픽의 기본 원리인 삼각형을 이은 듯한 유리로 된 외관을 하고 있다. 완공 후 한 달 동안은 비공개 상태여서 2천여 명의 직원들이 내부의 목조 주택 같은 감촉을 만끽했다고 한다. 직원들과 그 가족까지 약 8천 명이 오픈 하우스 입구에서 들어갈 수 있게 되어 있었다.

황 CEO에게는 사장실이 없다. 디지털 시대의 유목민처럼 건물 안에서 돌아다니기를 좋아하기 때문이란다.

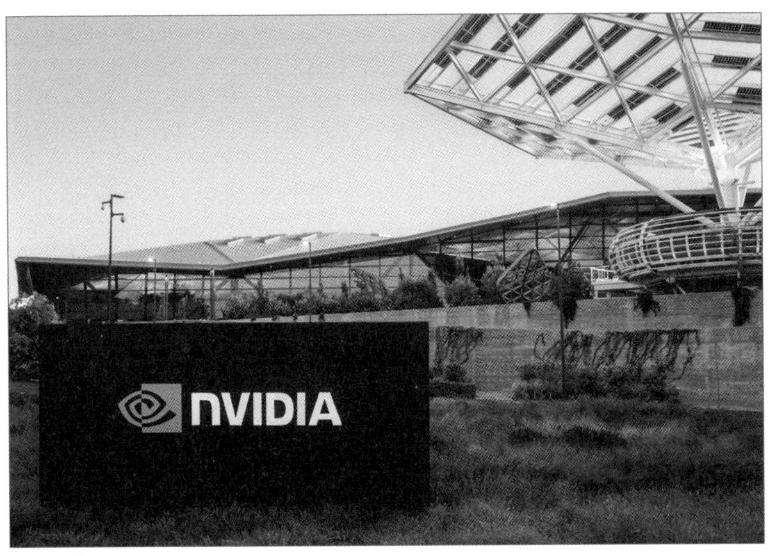

자료 1-1 실리콘밸리의 엔비디아 신사옥

컴퓨터 베이스 측정기를 하드웨어와 소프트웨어 양방향으로 개발하고 있는 미국 다국적 기업 내쇼날인스트루먼트(NI)의 CEO에게서도 비슷한 이야기를 들은 적이 있다. 2017년까지 NI의 CEO를 역임했던 공동 창업자 제임스 트루차드는 사장실을 따로 만들지 않았다. 그는 일반 사원과 같은 층에 똑같은 부스 형태의 책상에서 일했다. 박사 학위를 취득해 '닥터 T'라는 애칭으로 불리던 제임스 트루차드는 직원들로부터 존경받는 존재였다.

그가 일본에 방문했을 때 "왜 사장실을 만들지 않는지" 물었더니, 이렇게 답했다. "미래의 기술 트렌드를 내 눈으로 직접 확인하기 위해서 사내외 여러 사람의 의견을 듣는다. 사장실을 만들면 노크하고 방에 들어오는 행위가 직원들에게 거부감을 준다. 이 거부감을 없애고 언제 어디서든 직원들과 이야기하고 싶기 때문이다."

NI는 연구 개발 현장을 고객으로 삼는 비즈니스를 전개하고 있어 항상 미래 기술이 향하는 쪽으로 회사의 방향을 정해야 한다. 사장실에 틀어박혀 있으면 '벌거벗은 임금님'이 되기 쉬워 회사가 가야 할 방향을 놓치고 만다는 얘기였다.

엔비디아의 젠슨 황도 NI의 닥터 T와 비슷한 생각으로 지금도 직원들과 같은 층에서 일하며 끈끈한 관계를 이어가고 있는 게 아닐까?

수많은 제휴와 협업으로 완성되는 엔비디아의 세계

엔비디아 사내에서의 대등한 관계는 회사 밖에서도 마찬가지인 듯하다. 엔비디아에 자재와 기술을 제공하는 공급사와 고객사도 모두 대등한 파트너 관계다. '손님은 왕'이라는 인식이 없어 사회 문제가 되는 고객 갑질과는 무관한 세계다.

엔비디아는 GPU를 만드는 회사인데, 완성한 GPU를 컴퓨터 마더보드에 삽입하는 도터보드 혹은 카드로 만들어 컴퓨터 제조사에 제공한다. 말하자면 B2B(기업 대 기업 거래) 기업이라고 할 수 있다.

엔비디아에 제품이나 기술을 제공하는 공급사가 있는가 하면 엔비디아가 제품을 납품하는 고객사도 있다. 그렇기에 각 층에서의 관계 구축, 다시 말해 파트너십이 꼭 필요하다.

미국 기업의 경우 엔비디아처럼 대등한 관계의 파트너십을 맺는 협업이 많다. 그래서 수평 분업 체제가 원활하게 이루어지기 쉽다. 엔비디아의 본업인 팹리스 반도체 설계 회사는 수평 분업 시스템 속에서 일해 왔다.

반면 일본의 경우는 종합 전자기기회사라는 거대 기업의 사내, 혹은 그 아래에 반도체 부문이나 반도체 회사가 있었다. 여기에는 상하 관계가 존재했는데, 예전에는 상부 조직의 지시로 외판조차 뜻대로 하지 못한 반도체 부문도 있었다.

폴리곤 그래픽을 그대로 구현한 본사 사옥 지붕

엔비디아가 강점으로 내세우는 그래픽 기술이란 컴퓨터를 이용해서 그림을 그리는 기술을 말하는데, 여기에 사용하는 반도체 칩을 GPU라고 한다.

그렇다면 그림에서 곡선은 어떻게 표현할까? 컴퓨터상에서 곡선을 자유자재로 그리게 하려면 어떻게 해야 할까?

엔비디아는 다각형인 '폴리곤([자료 1-2])'의 기본 단위를 삼각형으로 표현하고, 여러 개의 작은 삼각형을 이어 붙여 자유롭게 변형시킴으로써 동식물 등의

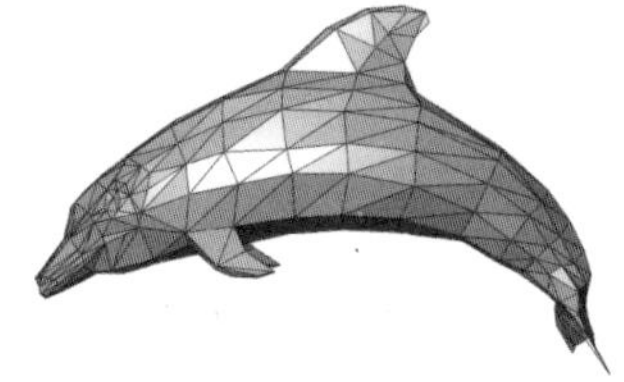

자료 1-2 폴리곤을 사용한 예

자료 1-3 위에서 내려다본 엔데버(앞)와 보이저(뒤)

그림을 그리는 데 성공했다. 작은 삼각형의 각 꼭짓점을 좌표로 나타내고 꼭짓점끼리 이어 붙여서 여러 개의 작은 삼각형이 모인 그림을 그릴 수 있었다.

이 기본 단위의 작은 삼각형이 바로 엔비디아 본사의 신사옥 지붕 모양([자료 1-3])으로 표현된 게 아닐까. 엔비디아의 원점은 바로 이 그래픽 기술이다.

제 2 장

AI 기술 개발과 각국 기업

2016년, AI 기업으로의 방향 전환

2016년 4월 미국 산호세에서 열린 엔비디아 주최 개발자 콘퍼런스 'GTC 2016'에서 젠슨 황은 엔비디아가 AI 기업으로 크게 방향을 전환할 것이라고 발표했다.

발표 이후 엔비디아는 AI의 계산에 필요한 반도체 GPU의 개발뿐만 아니라 AI 활용에 빼놓을 수 없는 학습 기능을 강화하기 위한 소프트웨어 라이브러리를 보강하거나 병렬처리 연산을 실행하기 쉽게 해주는 소프트웨어 '쿠다(CUDA)'를 정비하는 등, 소프트웨어 측면도 꾸준히 강화해나갔다.

그러면서 IT 기업이나 인터넷 서비스 사업자 이외의 업종에 속한 기업과의 제휴도 추진했다. 뒤에서 다루겠지만 엔비디아는 제조 관련 소프트웨어를 개발하는 기업 지멘스와 제휴를 맺거나 영국 원자력청

(UKAEA)과 제휴하기도 했다. 이렇게 다양한 업종과 연결고리를 만듦으로써 꾸준히 고객을 늘릴 수 있었다.

영국 ARM 인수 실패

탄탄대로를 걸으며 성장한 것처럼 보이는 엔비디아지만, 기업 인수에 실패한 적도 있었다.

2020년 엔비디아는 영국의 반도체 IP 기업인 ARM 인수전에 뛰어들었다. ARM은 CPU(컴퓨터 자체의 계산이나 제어를 수행하는 반도체)와 GPU(컴퓨터상에 그림을 그리기 위한 전용 반도체)를 설계할 때 필요한 IP(지적 재산)의 라이선스를 반도체 제조사에 제공하는 기업이다.

2016년에 일본의 소프트뱅크그룹(SBG)이 ARM을 인수하면서 SBG가 100% 주식을 보유하고 있었는데, 사실 ARM을 인수하도록 엔비디아에 추천한 것은 SBG였다.

손정의 사장이 이끄는 SBG는 투자회사다. 손 사장은 공유 오피스 스타트업인 위워크에 약 1조 엔이나 되는 금액을 투자했고 이로 인해 회사 경영이 휘청이는 상황이었다. 그래서 기업 가치가 높은 ARM의 매각을 결정한 것이다. 매각처로 고른 곳 역시 SBG가 일부를 투자한 엔비디아였다. 위워크 때는 실패했지만 엔비디아에 투자한 것은 손 사장의 선견지명이라고 할 만하다.

엔비디아가 영국의 ARM을 인수하기로 한 뒤 손정의 사장과 엔비디아의 젠슨 황은 2020년 10월 29일에 대담을 나누었고, 그 모습은 엔비디아의 유튜브 채널에도 업로드되었다(유튜브 "Softbank Group, NVIDIA CEOs on What's Next for AI (Courtesy of SoftBank World 2020)").

ARM의 비즈니스 모델은 모든 반도체 기업과 사용자에 중립적이고 개방적인 입장이라는 점에 의해 성립된다. SBG는 투자회사이니 SBG가 ARM의 주식을 전체 보유하더라도 중립성이 그대로 보장된다. SBG는 ARM의 사업상 고객이 아니고 반도체 공급망의 어디와도 관계가 없기 때문이다.

하지만 엔비디아라는 반도체 기업이 ARM을 사들이면 ARM의 중립성이 무너지게 되고, 어떤 반도체 기업이든 ARM의 기술을 사용할 수 있다는 공평함이 사라져 버린다. ARM이 엔비디아의 산하가 되면 ARM에서 CPU나 GPU 등의 IP 코어를 종전처럼 다른 반도체 제조사나 사용자에 팔기 힘들어지는 것은 자명한 사실이었다. ARM의 IP 코어를 사용하는 반도체 기업과 언론들은 엔비디아의 ARM 인수에 반대했다.

사실 2010년경에도 애플이 ARM을 인수한다는 소문이 실리콘밸리에 퍼진 적이 있다. 필자는 당시 우연히 실리콘밸리에 출장 중이었는데, ARM의 CEO가 아무 데도 팔지 않겠다고 선언하면서 인수를 생각했던 애플이 포기했다는 이야기를 현지에서 들었다.

ARM의 중립성은 굉장히 중요한 문제이기 때문에 비즈니스 고객들이 엔비디아의 ARM 인수에 반대하는 것도 당연한 일이다. 게다가 미국의 반독점법 당국도 독점금지법을 적용해 엔비디아의 ARM 인수에 제동을 걸었다. 이렇게 해서 2022년에 SBG가 매각 포기를 선언했고 인수는 불발되었다.

혁신적인 아이디어는 영국에서 탄생한다

엔비디아는 ARM 인수전의 파도에 휘말리는 동안에도 AI에 꾸준히 투자를 확대해 기술을 축적하면서 고객층을 넓혀나갔다.

2020년 9월, 엔비디아는 ARM의 기술을 활용해 ARM과 함께 영국 케임브리지시에 AI 연구센터를 설립하게 된다. 케임브리지에는 아이작 뉴턴과 찰스 다윈을 배출한 과학의 메카인 케임브리지대학이 있는데다가 ARM의 본사도 있어, 혁신적인 아이디어를 가진 인재들이 많이 모여든다.

예전부터 일렉트로닉스 기술 분야에서는 '혁신적인 아이디어는 영국에서 탄생하고 비즈니스로 발전시키는 센스는 미국이 뛰어나다'라는 인식이 있었다. 또 '실제로 구현하는 시험 제작 기술은 일본이 잘하고 양산 기술은 중국이 잘한다'라는 말도 있다.

케임브리지의 AI 연구센터에는 엔비디아의 반도체 칩을 다수 사용한 슈퍼컴퓨터를 설치했고, 전 세계의 유능한 인재가 많이 모이는 케임브리지에서는 이 슈퍼컴퓨터를 자유롭게 이용할 수 있는 환경을 조성하고 있다.

실시간 레이 트레이싱 기술을 개발

2018년, 엔비디아는 사진과 구별이 힘들 정도로 사실적인 그림을 그리기 위한 기술의 일종인 레이 트레이싱(Ray Tracing)의 실시간 동작 기술을 개발했다. [자료 2-1]의 그림은 레이 트레이싱 기술을 사용해 그린 것이다. 이 그림을 1초에 30장이나 그릴 수 있을 정도로 GPU의 성능이 뛰어나다.

기존의 레이 트레이싱 기술은 실용적인 수준에는 도달했지만, 그림 한 장을 그리는 데 몇 분이나 걸려 실시간으로 그림을 그리기는 힘들었다.

2008년에 개봉한 영화 〈벤자민 버튼의 시간은 거꾸로 간다〉(브래드 피트 주연, 80세 노인으로 태어난 주인공이 시간이 흐르면서 젊어진다는 줄거리)에 이 레이 트레이싱 기술이 쓰였다. 당시 영화의 한 장면을 그리려면 컴퓨터 계

자료 2-1 실시간으로 그림을 그리는 엔비디아의 레이 트레이싱 기술

산에만 몇 시간이 걸렸는데, 영화 제작 자체가 수개월 이상 걸리는 작업이라 컴퓨터 계산에 시간이 걸려도 크게 문제는 없었다. 이런 이유로 초창기 레이 트레이싱 기술은 영화 제작 등의 현장에서 사용되었다.

사실적인 영상을 만들 수 있는 엔비디아의 레이 트레이싱 기술은 다음에 서술할 '옴니버스' 등 다양한 분야에서 응용되기 시작했다.

독일 지멘스와 만드는 디지털 트윈 공장

제조 관련 소프트웨어를 개발하는 독일의 글로벌 그룹 지멘스는 엔비디아의 GPU에 주목했다. 지멘스의 소프트웨어는 CAD(컴퓨터 지원 설계)로 영상을 만들어 낼 수는 있었으나, 컴퓨터 그래픽 영상이라는 티가 너무 많이 나서 사실적이지는 않았다([자료 2-2] 위). 소프트웨어를 아무리 파고들어도 시뮬레이션 속도에 한계가 있었기 때문이다. 그러자 지멘스는 계산 속도가 빠른 하드웨어, 즉 GPU를 컴퓨팅 리소스로 만드는 편이 더 빠르겠다고 판단했다.

마침 그즈음 지멘스는 엔비디아와 제휴를 맺고 협업하면서 엔비디아가 단순히 GPU라는 하드웨어만 설계하는 것이 아니라 사실적인 그림을 그리는 옴니버스라는 소프트웨어도 제공한다는 사실을 알게 된다. 이걸 사용하면 산업용 메타버스라 할 만한 디지털 트윈을 만들어 낼 수 있으리라고 본 것이다.

디지털 트윈이란, 실제 제품이나 서비스 혹은 공장을 시뮬레이션으

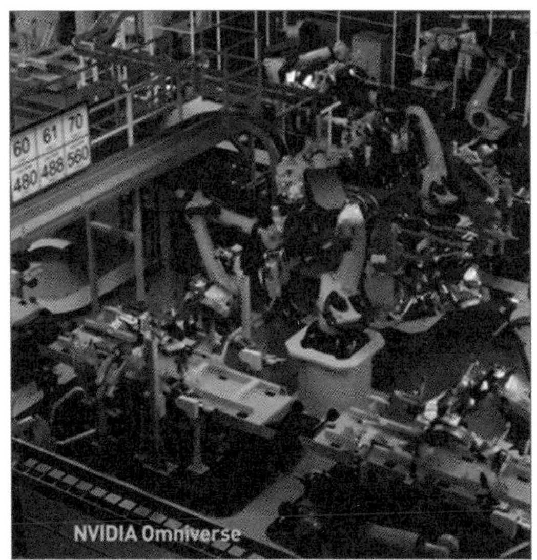

자료 2-2 지멘스(위)와 엔비디아(아래)가 그린 같은 공장의 그림

로 완전히 똑같이 재현하는 기술을 말한다. 열이나 바람의 흐름을 현실에 더 가까운 상태로 가시화하기 쉽다. 이를테면 제품을 생산하기 전에 컴퓨터로 가상의 제품을 만들고 실제 환경과 같은 상태를 구현해 시뮬레이션하면 시제품 제작부터 대량생산까지 이르는 개발 기간을 단축할 수 있다.

지멘스는 3차원 CAD와 시뮬레이터 등의 종합 디지털 플랫폼 '액셀러레이터'에 엔비디아의 옴니버스를 집어넣었다. 이를 통해 더욱 현실적인 제품 정보를 고객 및 잠재 고객과 공유할 수 있게 되었다.

산업용 메타버스는 제품뿐만 아니라 생산 공장 자체도 디지털 트윈으로 시뮬레이션할 수 있다([자료 2-2] 아래). 디지털상에서 공장을 만들어 로봇의 동작 시간을 평가하거나 작업 흐름의 방해 요소를 찾아냄으로써 스루풋(throughput, 단위 시간당 작업 처리량-옮긴이)이 가장 높은 생산 방식을 도출할 수 있다.

지멘스는 이 솔루션을 실제 공장의 생산 라인에 도입하고자 했다. 2022년 8월 말, 지멘스는 닛산자동차와 손잡고 닛산의 도치기 공장에서 전기자동차 '아리아' 생산 라인에 디지털 시스템을 구축하기로 합의했다. 작업 효율 개선은 물론, 폐기물을 없애는 제로 에미션 생산 체제도 실현해나가겠다고 한다.

청정에너지 핵융합에 도전

옴니버스를 활용해 연계한 사례가 하나 더 있다. 2022년 5월 말, 영국 원자력청은 사실적인 시뮬레이션이 가능한 엔비디아의 옴니버스를 사용해 맨체스터대학과 공동으로 핵융합 기술의 상용화에 나서기로 했다.

핵융합 기술은 방사성 물질을 사용하지 않고 방출도 하지 않는 '꿈의 에너지'로 알려져 있다. 일본은 1950년대부터 이 기술에 투자해왔으나 여전히 상용화하지 못하고 있다. 해외에서도 핵융합은 '현실성 없는 꿈같은 이야기'라며 거의 포기한 기술이었다.

그런데 엔비디아 옴니버스의 등장으로 실험에 가까운 조건을 시뮬레이션으로 만들어 낼 수 있게 되었다.

영국 원자력청은 예전처럼 시행착오를 각오하고 시제품 실험을 반복

자료 2-3 엔비디아 옴니버스를 사용한 핵융합로의 디지털 트윈

하기보다 현실에 가까운 시뮬레이션을 생각했다. 즉 디지털 트윈을 개발해 컴퓨터상에서 실험하는 것이 개발로 가는 지름길이라 보고 엔비디아와 제휴했다([자료 2-3]).

핵융합 기술이란, 물에서 수소를 만들어 낸 후 수소 원자 내부의 원자핵끼리 서로 충돌시켜 융합하게 함으로써 강력한 에너지를 발생시키는 방법이다. 태양과 같은 상태를 지구상에서 만들어 낼 수 있다면 안전하고 에너지 밀도가 높은 에너지가 될 것이라고 여겨진다.

하지만 이는 많은 나라가 포기했을 만큼 어려운 기술이기도 하다. 태양의 온도는 화씨(℉) 2,700만 도로 알려져 있는데, 지구에서 태양의 환경을 재현하려면 태양과 비슷한 정도의 중력을 가해야 한다. 태양보다 중력이 작은 지구에서 이를 실현하기 위해서는 1.8억 도가 필요하다는 점도 개발이 어려운 이유가 아닐까 싶다.

핵융합, 불가능한 꿈이 아니다

그 정도의 초고온을 만들어 내는 기술로는 플라스마 기술을 들 수 있다. 플라스마 장치는 반도체 제조의 에칭(필요한 부분만 깎는 기술)이나 퇴적(박막 제조) 시에도 사용된다. 그런데 대출력 고주파 전자파를 사용해 플라스마 상태를 만들어 내기는 하지만, 그래봤자 겨우 몇만 도에 그친다.

핵융합 실험에서 실험장비를 수차례 다시 만들고 조건을 바꿔보기도 했지만 플라스마의 임계에 도달하지 못했다. 지금은 실험을 반복하는 단계에 머물러 있다는 말이다. 조금이라도 상용화에 가까워지려면 실험과 거의 똑같은 조건을 재현해줄 시뮬레이션 소프트가 필요했다. 디지털 트윈 시뮬레이션으로 실험 상태를 만든다면 조건을 여러 번 바꿔가며 성공 가능성이 비치는 길을 찾을 수 있기 때문이다.

종전처럼 시행착오를 반복한 실험에서는 실제로 물건을 만들어야 해서 수일에서 수 주가 걸렸는데, 이 방법을 사용하면 컴퓨터의 계산 파라미터만 바꿔서 쉽게 처리 가능하다. 최적의 조건을 찾는 시간이 압도적으로 빨라져 지금까지 포기했던 것을 포기하지 않아도 될 가능성이 생겼다는 뜻이다. 영국 원자력청과 맨체스터대학이 엔비디아와 제휴를 맺은 건 그 가능성을 보았기 때문이다.

핵융합 기술은 미래의 청정에너지로 기대를 모으고 있다. 에너지 자원이 많지 않은 국가라면, 아마도 늘 석유 공급원을 확보하느라 고심할 것이다. 이런 상황에서 핵융합 실험이 성공하면 이런 걱정이 사라지고 에너지를 자국에서 충당할 수 있게 된다. 전력 에너지를 외국에 공급하는 일 역시 가능해질 것이다. 이를 실현하는 데 필요한 기술을 보유한 기업이 바로 엔비디아다.

제 3 장

세계 반도체 업계의 왕좌에 오르다

뱅크 오브 아메리카의 매그니피센트 7

미국 금융사 뱅크 오브 아메리카가 우리에게 익숙지 않은 '매그니피센트 7(The Magnificent Seven)'이라는 표현을 사용했다. 이것은 1960년대에 공개된 미국 영화 〈황야의 7인〉([자료 3-1])의 원제다. 이 영화의 줄거리는 가난한 마을에 사는 주민들이 악당들의 타깃이 되어 공포에 떨고 있을 때, 지나가던 총잡이 일곱 명이 마을 사람들을 구한다는 내용이다. 구로사와 아키라 감독의 영화 〈7인의 사무라이〉와 거의 비슷한 스토리인데, 할리우드 서부 영화로 리메이크한 것이다. 2016년에는 이것을 다시 리메이크한 영화가 개봉하기도 했다.

〈황야의 7인〉은 영화 음악도 꽤 인기를 끌었는데 미국인의 향수를 자극하는 멜로디다. 엘머 번스타인이 작곡한 주제곡은 제목을 모르는 사람도 음악을 들으면 다 알만큼 유명한 곡으로, 여러 교향악단과 음악

자료 3-1 영화 <황야의 7인>의 한 장면

밴드가 커버 곡을 만들었다.

그런데 요즘 들어 왜 이 영화의 제목이 쓰이게 된 걸까?

'매그니피센트 7'은 뱅크 오브 아메리카의 애널리스트가 처음 사용한 표현으로, 시장 지배력과 기술적 영향력 등을 고려해 선정한 7대 기업을 가리킨다. 기존에는 구글과 아마존, 페이스북(현재는 Meta), 애플을 묶어서 GAFA라 하고, 마이크로소프트까지 포함해 GAFAM이라 부르기도 했다. 모두 시가총액 1조 달러를 넘는 빅테크 기업이다.

여기에 역시 한때 시총이 1조 달러를 넘어섰던 테슬라와 엔비디아를 더해서 총 7개 기업이 되었다. 테슬라는 최고점일 때 시총 1조 달러를 넘었고, 엔비디아도 시총 1조 달러를 훌쩍 뛰어넘었다. 이들 7개 기업을 가리켜 '매그니피센트 7'이라고 불렀다.

〈황야의 7인〉의 원작 영화 〈7인의 사무라이〉에서 '사무라이'는 단순히 '무사'라는 의미뿐만 아니라 '사무라이 정신을 가진 사람'이라는 의미도 포함한다. 마찬가지로 영어의 Magnificent도 '위대한'이라는 뜻 외에 '자긍심이 높다'라는 의미도 들어 있다고 한다. 이런 이유로 진부한 Great보다 Magnificent라는 표현을 쓰지 않았나 싶다.

2023년, 세계 반도체 기업 1위로 급부상

자료 3-2 엔비디아 CEO 젠슨 황

테슬라는 전기자동차와 자율주행으로 유명한 기업이지만 엔비디아에 대해 잘 아는 사람은 그리 많지 않을지도 모른다. 순수한 미국 기업인데도 대만 기업으로 오해하고 있는 사람이 주위에 꽤 있다. 엔비디아의 CEO가 대만 출신의 젠슨 황([자료 3-2])이라서일까.

엔비디아는 미국 캘리포니아주 실리콘밸리를 본거지로 하는 반도체 기업이다. 인텔이나 삼성은 알아도 엔비디아에 대해서는 잘 모르는 사람도 있다. 엔비디아가 2023년에 세계 반도체 기업 중에서 급부상했기 때문에 모르는 것이 어쩌면 당연하다.

2023년 1월~12월 기준으로 매출액에서 1위를 차지한 기업은 542억 달러를 기록한 인텔이지만, 엔비디아의 연간 매출은 이를 웃도는 609억 달러에 달했다. 다만 엔비디아의 결산기는 2월부터 이듬해 1월까지이므로 1월~12월의 매출로 다시 계산해야 정확한 비교가 가능하지만, 정상권에 근접해 있는 것은 확실하다.

엔비디아가 그전까지는 10위 안팎에 있었으니 2023년에 가파르게 성장했다는 사실을 알 수 있다. 최근의 실적 성장세는 더욱 두드러진다.

세계 반도체 기업 연매출 비교

엔비디아의 2024 회계연도 4분기(2023년 11월~2024년 1월) 매출을 주요 경쟁사의 2023년 4분기(10월~12월) 매출과 비교하면 엔비디아가 1위다.

1위인 엔비디아는 221억 달러, 2위 TSMC가 196억 달러, 3위 삼성이 158억 달러, 4위 인텔이 154억 달러다. 결산 수치와 다음 분기 전망에 대한 기대로 엔비디아의 주가가 급등해 시가총액이 2조 달러를 넘어섰다.

반도체 기업의 순위는 시장조사 기관에 따라 달라지기도 한다. 회계연도를 통일해서 환산하거나 반도체 제품의 매출만 비교하기도 하고 반도체 기업의 대상 범위를 달리하는 등, 각 시장조사 기관마다 전제 조건이 다르고 해당 기관의 추정치가 포함되기 때문이다.

그래서 필자가 수집한 각 사의 결산 발표 매출액만 따로 정리한 것이 [자료 3-3]이다. 삼성전자는 스마트폰과 가전도 판매하기 때문에 순수하게 반도체 사업 부문만 떼어내 계산했다. 그 외 기업은 반도체 전문기업이므로 각 사가 발표한 전사 매출액을 그대로 표시했다. 결산 시기가

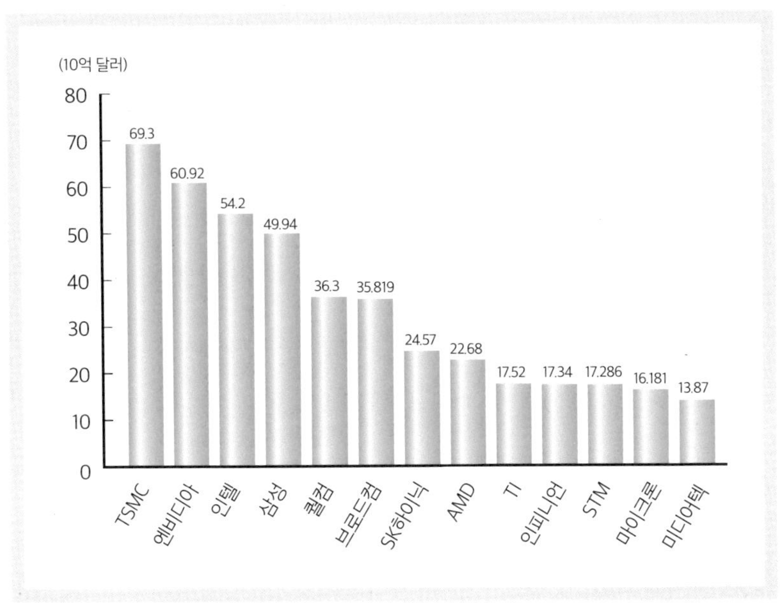

자료 3-3 각 반도체 기업의 매출 순위

다른 기업도 포함되어 있으나 최대한 1월~12월에 가까운 시기를 골랐다. 엔비디아의 결산기는 2월부터 이듬해 1월까지인데 그래프와 실제 수치에 큰 차이는 없을 것이다. 엔비디아는 이 그래프상에서도 TSMC와 선두 자리를 다투고 있다.

공장 유무에 따라 달라지는 관점

이쯤에서 팹리스와 파운드리에 대해 알아두자. 반도체 제품은 매우 복잡해서 설계에만 집중하는 팹리스와 제조에만 집중하는 파운드리로 나

뉘게 되었다.

팹리스(Fabless)는 합성어로 말 그대로 '공장이 없다(Fabrication+less)'는 뜻이다. 파운드리(Foundry)는 원래 주물공장이라는 의미다. 반도체 생산이 주물이나 도자기 생산과 비슷하다고 해서 파운드리라는 이름이 붙었다. 반도체 설계부터 생산까지 모두 수행하는 종합 반도체 기업도 있는데, 이들 기업을 IDM(Integrated Device Manufacturer)이라 부른다.

시장조사 기관이 반도체 기업의 매출액이나 매출 순위를 조사할 때 팹리스와 IDM만 포함하고 TSMC 등 파운드리 기업은 제외하는 경우가 많다. 그 이유는 반도체 산업 전체의 규모와 각 사의 매출액을 파악하기 위한 목적으로 조사하기 때문이다.

TSMC의 매출액은 고객사인 팹리스와 IDM의 결산서에서는 비용으로 계상된다. 팹리스나 IDM이 파운드리에 지불하는 돈은 비용이고, 역으로 파운드리에는 이것이 매출이 된다.

반도체 기업 전체 규모를 추산할 때 파운드리의 매출을 포함하면 이중 계산이 돼 버린다. 이 때문에 반도체 기업 순위에서는 파운드리를 제외할 때가 많다. 다만 인텔이나 삼성전자는 IDM이기는 하지만 팹리스 반도체 회사의 제조 위탁을 받는 파운드리 사업도 하고 있다. 인텔이나 삼성의 매출액에서 파운드리 매출액을 제외하는 조사기관도 있으니 순위표를 볼 때는 주의가 필요하다.

126%라는 파괴적인 급성장

엔비디아의 가파른 성장세는 전 세계 반도체 기업 가운데서도 단연코 돋보인다고 할 수 있다.

특히 2023년부터 2024년에 걸쳐 그 성장이 두드러진다. 2023 회계연도(2022년 2월~2023년 1월)의 매출액은 269.7억 달러였는데 2024 회계연도(2023년 2월~2024년 1월)에는 609.2억 달러의 매출을 기록했다. 무려 2.26배, 126%나 증가했다.

[자료 3-4]는 엔비디아의 회계연도(FY)별 매출액 추이를 나타낸 것이

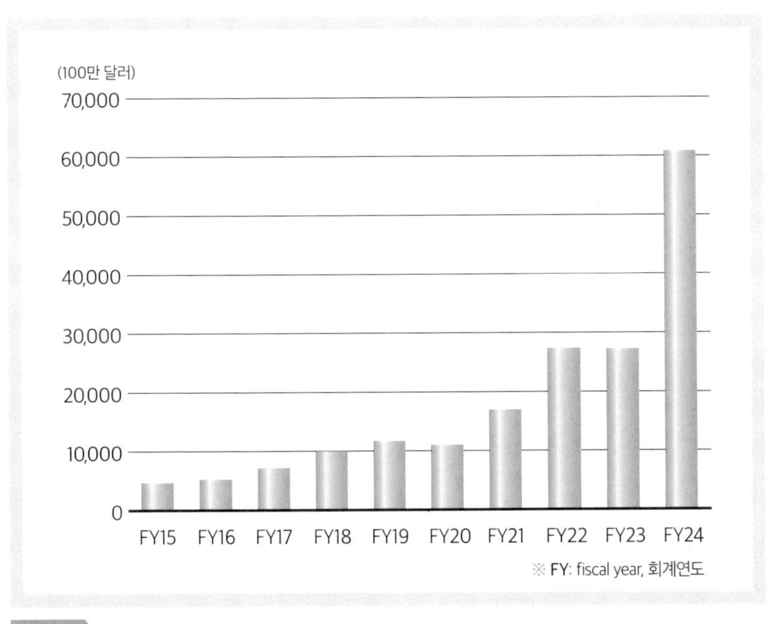

자료 3-4 2015~2024년 엔비디아 매출액 추이

다. 앞에서 설명했듯이 엔비디아의 회계연도는 2월부터 이듬해 1월까지다. [자료 3-4]를 보면 FY2015부터 FY2020까지도 거의 순조롭게 매출액을 늘려왔는데, FY2020부터 FY2021까지는 52.7% 성장, FY2021부터 FY2022까지는 61.4%라는 경이로운 성장률을 보였다. FY2015부터 FY2023까지 연평균 성장률이 24.5%이니 그야말로 급성장했다고 할 수 있다. 참고로 1994년부터 2024년까지 30년간 반도체 기업 전체의 연평균 성장률은 6%다.

엔비디아가 FY2023부터 FY2024까지 기록한 성장률 126%는 비정상적일 정도의 수치다. 스타트업처럼 규모가 작은 기업이 아니라 약 270억 달러나 되는 매출을 올리는 대기업이, 대규모 인수합병도 없이 1년 뒤에 약 610억 달러까지 매출이 급증했다는 이야기는 들어본 적이 없다.

반도체와 AI, 양쪽을 다 갖춘 것이 성장 요인

엔비디아의 성장 요인은 뭐니 뭐니 해도 AI다.

2012년, 캐나다 토론토대학의 신경망 연구자 제프리 힌턴 교수팀이 합성곱 신경망(CNN) 방식을 사용한 고도의 이미지 인식 기술 알렉스넷(AlexNet)을 개발했다.

젠슨 황은 알렉스넷을 '오늘날의 AI 빅뱅'이라 표현했다. 그만큼 획기적인 기술이었다.

알렉스넷은 2012년에 개최된 이미지 인식 국제대회인 이미지넷에서 압도적인 차이로 우승했다. 그전까지는 이미지 인식 기술에서 인식 오류율은 가장 낮은 기술조차 25~30%를 넘었다.

이에 비해 알렉스넷은 인식 오류율이 불과 16%로, 엄청난 기술력을 자랑했다([자료 3-5]). 이는 기존보다 거의 10%나 낮은 수치였다. 그러자 알렉스넷이 사용한 딥러닝 기술에 이목이 쏠렸고, 이후 딥러닝, 기계학습 관련 논문이 봇물 터지듯이 쏟아져나왔다.

알렉스넷이 우승한 뒤 2015년에는 중국의 바이두가 인식 오류율 5.98%라는 결과를 내놓았고, 한 달 뒤에는 마이크로소프트가 4.94%, 그 5일 후에는 구글이 4.82%를 기록하며 계속해서 기록을 갈아치웠다.

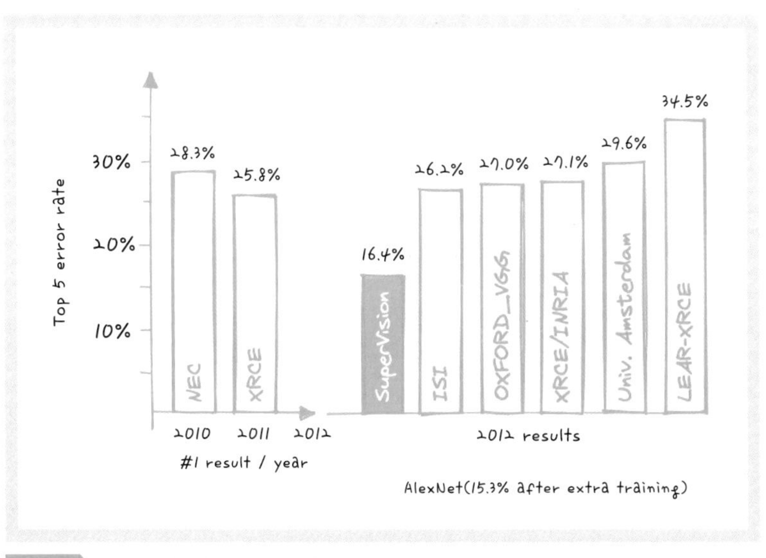

자료 3-5 알렉스넷과 다른 이미지 인식 기술 오류율 비교

사실 알렉스넷의 딥러닝에는 엔비디아의 GPU와 소프트웨어 쿠다(CUDA)가 쓰였다.

대학과 기업의 연구원들이 딥러닝을 연구하는 과정에서 CPU로 계산하는 것보다 GPU로 계산하면 학습이 더 빨리 진행된다는 사실을 알게 된 힌턴 교수팀이 이 내용을 논문으로 발표했다. 논문을 읽은 엔비디아의 엔지니어가 신경망을 사용해 GPU를 동작시켰더니 이미지 인식 정밀도가 높아진다는 점을 확인했다고 한다.

엔비디아는 그동안 게임기용 이미지 처리 GPU를 중심으로 개발해 왔는데, 알렉스넷의 등장 이후 AI 관련 연구도 하기 시작했다. 그 결과 게임기에 사용하던 GPU를 AI의 기본 모델인 신경망 연산에 사용할 수 있다는 사실을 알아냈고, GPU로 AI의 학습과 추론 성능을 향상시키기 위한 기술 개발에 나섰다.

AI 기술 개발의 결실

엔비디아는 처음부터 AI 기술 개발에 대해 대대적으로 발표하지는 않았는데, 드디어 기술 개발이 성과를 거두게 된다. 2018년 AI 슈퍼컴퓨터용 GPU 볼타(Volta)로 기존에는 며칠이 걸리던 학습 시간을 단축하는 데 성공하면서, 새로운 텐서 코어 아키텍처를 채택하여 본격적으로 AI 사업에 뛰어들었다. AI용 GPU인 볼타 기반의 테슬라 V100 액셀러레이터(전용 프로세서)는 여러 데이터센터에 배치되어 갔다.

다만 엔비디아의 전체 매출액에서 보면 AI 매출액은 게임기용 매출액보다 아직 많지 않았다. 그런데도 FY2018에는 전사 매출액이 전년도 대비 41% 증가한 97.1억 달러로 크게 도약했다. FY2022에는 전사 매출액이 전년도 대비 61% 증가한 269.14억 달러를 기록했다. 이 가운데 게임기용 매출이 61% 늘어난 124.6억 달러, AI를 포함한 데이터센터용 매출이 비슷하게 58% 늘어난 106.1억 달러였다. FY2022 시점에서도 아직 게임기용의 매출액이 더 높았다.

FY2023의 매출액은 전년도에 비해서 거의 차이가 없는 269.74억 달러였다. 그런데 AI 학습 칩을 사용하는 데이터센터용 매출액은 전년도 대비 41% 늘어난 150.1억 달러를 기록했고, 게임기용 매출이 27% 감소한 90.7억 달러로, 이때 처음으로 AI 매출액이 게임기용 매출액을 앞질렀다.

세계반도체시장통계(WSTS, World Semiconductor Trade Statistics)의 실적 데이터에 따르면, 2023년 반도체 업계 전체 매출액은 전년 대비 8.2% 줄어든 5,269억 달러로 하향 추세였다. 그런데 엔비디아만 전년도 대비 2.26배라는 큰 폭의 수익 증가를 이뤄냈다.

제 4 장

공장 없이 설계에 특화된 팹리스 기업

1985년부터 등장한 혁신적인 기업들

지금부터는 엔비디아가 반도체 기업으로서 추진해 온 팹리스(Fabless)에 대해 알아보겠다. 1985년경부터 미국을 중심으로 반도체 사업에 팹리스라는 형태가 등장했다. 제조 공장을 소유하지 않는 대신 설계에만 주력해 독자적인 특징을 담은 IC를 만들어 내는 사업 방식이다.

팹리스는 설계만 담당하기 때문에 반도체 생산은 제조 공장이 있는 업체에 설계도(Photomask, 포토마스크)를 주고 위탁 생산했다. 당시 공장을 가진 기업들은 자사가 설계한 반도체도 생산했으므로 고객사로부터 받은 설계도에 대해서는 철저히 비밀을 지켰다. 물론 비밀 유지 계약도 체결했다.

이러한 상황에 주목한 동양계 베테랑 엔지니어가 TSMC의 창업자 모리스 창이다. 그는 대만에 완전히 독립된 반도체 전문 수탁 생산(파운드리) 공장을 세웠다. 자사 제품이 있고 제조 공장도 보유한 인텔과 NEC(Nippon Electric Company, 일본전기주식회사), 히타치, 도시바 등 반도체 기업들은 '반도체 IC의 가치는 제조가 아니라 설계에 있다'라고 생각해 파운드리 서비스를 시작한 TSMC를 방관했다.

대만에서는 정부 연구기관인 산업기술연구원(ITRI)이 기술을 이전하고 정부가 일부 출자해 설립한 유나이티드 마이크로일렉트로닉스(UMC)가 이미 반도체 사업을 시작한 상태로, UMC는 설립 초기엔 설계와 제조를 한번에 할 수 있는 종합반도체업체(IDM)였다. 여기에 제조 서비스만 담당하는 파운드리 업체로 TSMC가 추가된 것이다.

당시에는 모든 반도체 기업이 설계부터 제조까지 담당했다. AMD도 그때쯤 공장을 보유하고 있었는데, AMD의 창업자 제리 샌더스는 "진정한 남자는 공장을 가져야 한다"라고 단언할 정도였다.

적은 돈으로 시작할 수 있는 비즈니스

공장이 없는 팹리스 스타트업은 1985년을 전후로 우후죽순처럼 생겨났다. 필자의 지인인 미국인 저널리스트는 이를 '스타트업의 열기'라고 표현했다. 당시 〈토요일 밤의 열기〉라는 영화가 엄청난 인기를 끌어 '열기'라는 말이 유행했을 때였는데, 아마도 영화 제목에 빗대어 그렇게 표현한 듯하다.

대표적인 팹리스 기업으로는 FPGA(현장에서 변경 가능한 논리 회로를 다수

배열한 IC) 전문 기업인 자일링스와 알테라, 휴대전화용 모뎀을 생산하던 퀄컴 등이 있다. 팹리스 기업은 공장을 소유하지 않으니 토지나 건물, 고가의 제조 장비 등이 필요 없고, 적은 자본으로 반도체 사업을 시작해 설계에만 주력할 수 있었다.

엔비디아는 이보다 조금 늦은 1993년에 설립되었다. 창업자 중 한 명인 젠슨 황은 AMD와 LSI로직에서 반도체 엔지니어로 경험을 쌓았는데, 그 당시엔 두 회사 모두 공장을 소유하고 있었다.

이후 AMD와 LSI로직 모두 팹리스와 파운드리로 분리하게 되면서, AMD는 팹리스로 남고 반도체 제조 부문은 글로벌 파운드리로 분사했다. 'LSI로직'은 'LSI'로 사명을 변경해 팹리스로 노선을 바꾸고 제조 부문은 처분했다. 대다수의 팹리스 창업자는 자금에 여유가 없어서 팹리스를 선택했다. 엔비디아도 그중 하나였다.

매출액 상위 10위의 팹리스 기업

[자료 4-1]은 팹리스 기업 매출액 상위 10위의 추이를 나타낸 것이다. 2009년, 엔비디아는 미디어텍에 이어 5위를 차지했다. 이후 조금씩 순위를 끌어올려 2023년 2분기 이후에는 정상에 올라섰다. 이 자료에서 또 하나 눈에 띄는 부분은 대만의 팹리스 기업이 계속 성장해 10위권 내에 많아졌다는 점이다. 또 중국의 팹리스 윌세미컨덕터(Will Semiconductor)가 9위에 오를 정도로 성장했다는 점도 특징이라 하겠다.

순위	2009	2011	2021	2023 1분기	2023 2분기	2023 3분기
1	퀄컴	퀄컴	퀄컴	퀄컴	엔비디아	엔비디아
2	AMD	브로드컴	엔비디아	브로드컴	퀄컴	퀄컴
3	브로드컴	AMD	브로드컴	엔비디아	브로드컴	브로드컴
4	미디어텍	엔비디아	미디어텍	AMD	AMD	AMD
5	엔비디아	마벨	AMD	미디어텍	미디어텍	미디어텍
6	마벨	미디어텍	노바텍	마벨	마벨	마벨
7	자일링스	자일링스	마벨	노바텍	노바텍	노바텍
8	LSI	알테라	리얼텍	리얼텍	리얼텍	리얼텍
9	ST에릭슨	LSI	자일링스	윌세미컨덕터	윌세미컨덕터	윌세미컨덕터
10	알테라	아바고	하이맥스	MPS	MPS	시러스로직

※ 엔비디아 제외하고 표시된 곳은 대만 기업

자료 4-1 팹리스 기업 매출액 순위 (연한 색은 대만 기업)

How to make에서 What to make로

팹리스 기업의 강점은 '무엇을 만들지'에 초점을 맞춘다는 데 있다. 1990년경부터 반도체 사업은 '어떻게 만들지(How to make)'에서 '무엇을 만들지(What to make)'로 무게 중심이 바뀌어왔다. 메모리와 같은 대량생산품에서 SoC나 세미 커스텀 반도체 등 소량 다품종 시대로 전환된 것이 팹리스라는 방식과 잘 맞아떨어졌다.

팹리스가 늘어나면서 설계와 제조를 모두 맡았던 기존의 반도체 기업은 IDM이라 불리게 되었다. IDM에서 팹리스로 전환하는 곳도 점차 많아졌다. 미국에서는 AMD나 LSI로직 외에도 오디오용 IC 전문 기업인 시러스로직을 비롯한 여러 기업이 공장을 처분하고 서서히 IDM에서 팹리스 또는 팹라이트(Fablite, 제조시설의 비중을 줄임)로 전환하는 등 공장을 없애거나 공장 규모를 줄여왔다. 그러다 최종적으로는 모두 팹리스가 되었다.

참고로 일본 르네사스 일렉트로닉스(Renesas Electronics)는 공장을 소유하고 있으나 설계에 주력하는 팹라이트 방식으로 운영한다.

성장률이 더 높은 팹리스

팹리스 기업의 약진은 시장 조사기관인 IC인사이트(IC Insights)가 발표한 자료([자료 4-2])를 보면 잘 알 수 있다. IC인사이트가 테크인사이트(TechInsights Inc)에 인수된 이후로는 자료가 공개되지 않아 2012년까지의 데이터뿐인데, 오래된 자료이기는 하지만 가장 최근의 데이터다.

[자료 4-2]를 보면 1999년부터 2012년까지 세계 반도체 기업의 연평균 성장률이 5%였던 데 비해, 팹리스 반도체 기업의 연평균 성장률은 16%나 되었다는 사실을 알 수 있다.

팹리스라는 형태가 반도체 기업으로서 성장률이 더 높으며, 반도체 산업 전체가 불황이었던 해조차도 큰 타격을 받지 않고 현상 유지를 잘했다는 점이 나타난다. 2020년에는 팹리스 기업의 매출액이 반도체 기

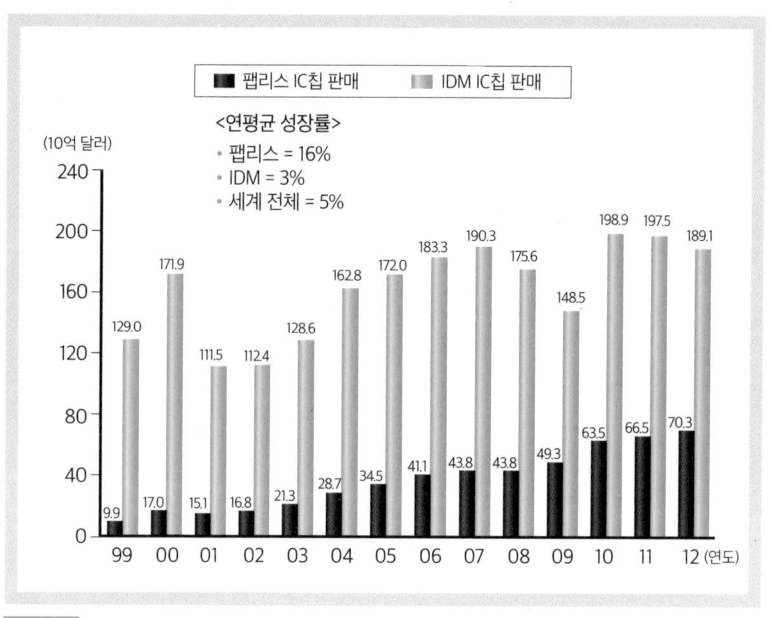

자료 4-2 1999~2012년 전 세계 IC칩 판매 비교

업 전체의 33%, 즉 3분의 1을 차지했다.

IDM 형태를 유지해 성공한 비메모리 반도체 기업은 인텔이 유일했다. 인텔의 CPU 평균 단가는 2000년대 초에도 40달러나 되었다. D램은 1.5~2.5달러 정도였는데 일본의 D램 제조사는 인텔을 당해낼 수 없었다. 그랬던 인텔도 정상을 유지한 기간은 2015년 정도까지였다. 이후 CEO가 불미스러운 일로 물러나고 기술적인 지식이나 배경이 없는 사람이 CEO 자리에 오르는 등 사내 문제가 표면화되었다. PC 시장도 포화 상태에 다다르면서 이제는 확실한 승자의 자리를 위협받게 되었다.

공장에 너무 집착한 일본

일본은 팹리스와 파운드리라는 분업화 흐름에 전혀 동참하지 못했다.

팹리스의 성장률이 더 높다는 데이터를 보았을 텐데도 IDM 방식에 강한 집착을 보였다. 필자도 "세계는 그럴지 몰라도 일본에는 일본만의 방식이 있다"라는 말을 귀에 못이 박힐 정도로 들었다. 그 결과 많은 일본 반도체 업체가 계속 뒤처지고 있다는 사실을 눈치채지 못했다.

공장 소유에 너무 매달린 탓에 유지 비용을 감당하지 못해 공장을 처분하는 방향으로 구조조정을 하기 시작했다.

반도체의 가치가 설계 쪽으로 옮겨가고 있다는 사실을 알면서도 왜 공장에 계속 집착했는지 하는 점이 최대 의문으로 남는다. 공장에 대한 강한 집착으로 인해 '공장을 폐쇄할 정도면 반도체 사업 자체를 버리겠다'라는 단순한 논리로 이어진 듯하다. 이렇게 해서 일본의 반도체 대기업들은 공장이 없는 완전한 팹리스로 전환하지 못했다.

일본 반도체 기업의 또 다른 실패 요인은 D램을 버리고 안이하게 시스템LSI(현재는 SoC)로 전환한 점이다. 시스템LSI로 전환했지만 각 기업의 경영진들은 시스템LSI의 특성을 아무도 이해하지 못했던 것 같다.

시스템LSI는 소량 다품종 제품이다. 그런데도 공장 라인을 소량 다품종 생산용으로 만들지 않았다. 그동안 생산했던 D램은 대량생산 제품이어서 가장 많을 때는 월 2천만 개나 되는 물량을 생산했다. 시스템LSI로 전환한 뒤에도 '한 달에 수십만 개 이상 생산하는 제품이 아니면 수

주하지 않겠다'라는 방침을 고수하면서 공장 라인은 개점휴업 상태로 파리 날리는 신세가 되었다.

브랜드를 고집한 것도 실패 요인

미국의 IDM은 팹리스로 전환하거나 파운드리와 분리하는 방향으로 나갔다. 일본 반도체 기업은 팹리스나 파운드리로의 전환을 추진하지 않았다. 파운드리에는 '하도급 업체'라는 이미지가 따라다녔는데, 이를 꺼렸던 점도 이유가 되었을 것이다. 반도체 부문의 모회사인 종합 전자기기 회사의 경영진이 브랜드를 중시하다 보니 흑자를 낼 수 있는 파운드리로의 전환을 고려하지 않았던 것 같다.

반면에 대만에서는 어디까지나 비즈니스적인 사고로 브랜드를 중시하지 않는 전략을 취한 기업이 많았다. 에이서(ACER)나 컴팔 등의 기업은 미국의 PC 업체인 델, HP, 컴팩 등으로부터 제조 주문을 받았다. 자사 브랜드 여부는 전혀 따지지 않았다. 에이서는 미국에서 위탁받은 PC 생산이 감소해서 자사 브랜드를 만들게 되었을 뿐이다. 대만 기업은 항상 브랜드를 고집하지 않는다는 자세를 취해왔다.

일본 반도체 기업은 대량생산 제품인 D램을 버리고 소량 다품종인 시스템LSI 제품으로 전환했음에도, 기존 방식대로 공장을 소유하고 있다가 결국에는 그 부담을 버티지 못하는 지경에 이르렀다. 공장을 매각하고 팹리스의 길을 선택했으면 좋았을 텐데, 매각이 아니라 사업을 철수하는 쪽으로 가게 된다. 그로 인해 재무 상황이 악화된 셈이다.

팹리스 성장을 뒷받침한 VLSI 설계의 교과서

팹리스가 크게 성장 가능했던 이유 중 하나는 복잡한 IC 칩을 설계하는 방법이 미국에서 탄생했기 때문이다.

1978년에 대규모 집적회로(VLSI)의 설계 방법을 해설한 교과서 『Introduction to VLSI Systems』가 출판되었다([자료 4-3]). 이 책을 집필한 사람은 캘리포니아공대 교수 카버 미드와 제록스 연구소의 린 콘웨이([자료 4-4]) 두 사람이다. 반도체 연구자 미드 교수와 컴퓨터 공학자 린 콘웨이는 반도체 산업에 공헌한 업적을 인정받아 1980년경에 〈일렉트

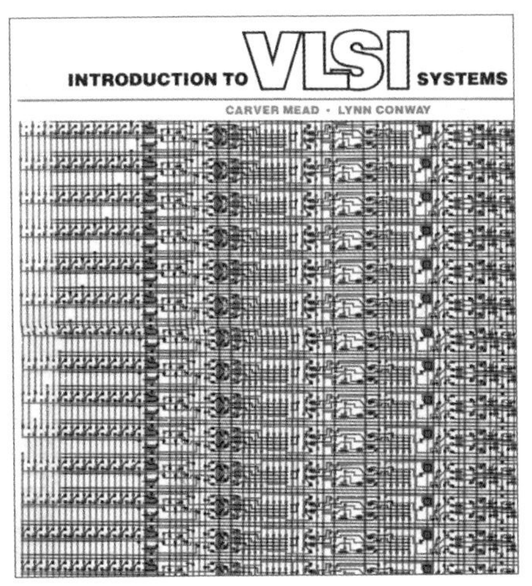

자료 4-3 일명 '미드와 콘웨이의 교과서'인 『Introduction to VLSI Systems』

자료 4-4 린 콘웨이

로닉스 매거진〉으로부터 공로상을 받았다. 미드 교수는 VLSI 시스템 설계의 지도 원리 구축 및 확립에 선도적으로 공헌하여 2022년에는 이나모리 재단에서 수여하는 '교토상'도 수상했다. 이들이 쓴 교과서에 의해 IC 설계 방법이 확립되었고, 이를 발판으로 팹리스 기업이 탄생하게 되었다.

일본 기업이 강했던 제품은 D램, 사내용 아날로그IC 등이었다. D램은 설계가 단순해서 하나의 메모리 셀 설계를 완성하면 그것을 계속 나열하기만 하면 되었다. 아날로그IC 설계는 간단하지는 않았지만 집적도가 낮아서 시행착오를 거치며 설계할 수 있었다. 하지만 1990년대 이후는 집적도가 높아지면서 설계가 매우 어려워져 미드/콘웨이의 교과서가 없으면 설계가 아예 불가능했다.

2024년 6월에 미국 캘리포니아공대에서 강연한 엔비디아 CEO 젠슨 황은 미드/콘웨이의 교과서로 칩 설계를 공부했다고 밝혔다.

참고로 미드 교수는 이 교과서 외에 반도체의 물리적 한계 등의 논문을 발표하거나 갈륨비소(GaAs) 반도체를 개발하는 등 반도체 세계에서는 유명한 인물이었다. 린 콘웨이는 이 교과서를 저술한 뒤 무슨 이유에서인지 활동하는 모습을 볼 수 없었다.

사실 필자는 1980년경 뉴욕의 출판사 맥그로힐에서 미드 교수, 콘웨이 씨와 만난 적이 있다. 맥그로힐 출판사에서 '산업계에 끼친 영향력이 큰' 두 사람에게 상을 수여했는데, 마침 그곳에서 일하던 친한 편집자의 주선으로 두 사람과 만날 기회를 얻게 되었다. 콘웨이는 키가 큰 여성으로 기억에 남아 있는데, 그녀와 미드 교수 두 사람 모두 매우 우아함이 넘치는 분들이었다. 그때 나눈 대화에서 콘웨이는 실리콘밸리 팔로알토에 있는 제록스 연구소에서 엔지니어로 일했을 때 미드 교수와 함께 VLSI 교과서를 집필했다고 알려주었다.

그 후 그녀에 관한 이야기를 읽고 처음으로 안 사실인데, 콘웨이는 원래 남성으로 태어났다고 한다. 하지만 자신의 성 정체성에 혼란을 느꼈고 성인이 된 후에도 그 문제로 여전히 힘들었던 듯하다. 마침내 성전환 수술에 성공했으나 미국의 컴퓨터 대기업에서 새로운 컴퓨터 개발에 몰두하던 당시, 상사에게 성전환 수술 사실을 밝히자 즉시 해고당했다고 한다. 그 후에 일어난 일에 대해서는 자세히 나와 있지 않았다.

그런데 최근, 그녀가 미시간대학 교수로 재직했고 LGBT를 지원하는 활동을 해왔다는 사실이 알려졌다. 하지만 매우 안타깝게도 얼마 전인 2024년 6월 9일에 세상을 떠났다고 한다. 향년 86세였다.

팹리스의 최대 장점, 운신의 폭

팹리스 반도체 기업은 IDM과 달리 반도체 설계에만 특화되어 있어 무엇을 만들지에 대한 과제에 집중할 수 있다.

스마트폰용 프로세서의 선두 주자 퀄컴은, 방위 산업에서 개발해 온 도청이 어려운 확산 스펙트럼 방식을 민간용으로 쓸 수 있게 연구 개발하여 코드분할다중접속(CDMA) 방식을 완성했다. 이후 휴대전화가 아날로그에서 디지털 방식으로 전환되었을 때, CDMA 방식의 변복조(모뎀) IC를 사용한 통신을 대중화시켰다.

제3세대(3G) 디지털 통신에서는 CDMA2000 방식과 W-CDMA 방식으로 나뉘었지만, 모두 CDMA 기술을 사용하므로 3G 모뎀을 사용하는 기업은 퀄컴에 특허 사용료를 내야 했다. 퀄컴은 3G 특허 관련 전문 조직을 만들어 기술 개발 조직과 분리했다.

휴대전화기에 주소록, 개인 데이터, 사진, 이메일 등 다양한 기능이 탑재되면서 컴퓨터 제어 시스템이 도입된 것을 계기로 퀄컴은 모바일 프로세서 '스냅드래곤'을 개발했다. 휴대전화가 스마트폰으로 바뀌어도 충분히 대응할 수 있는 모바일 프로세서를 만들어, 애플의 아이폰 이외의 안드로이드 기종에 대응할 수 있도록 했다.

모바일 프로세서 분야에는 대만의 팹리스 기업인 미디어텍도 진출하여 중국을 기반으로 성장하며 독자적인 지위를 구축했다. 미디어텍은 반도체 기업 상위 10위에 들어갈 정도로 성장했다. 대만이라고 하면 으레 파운드리를 떠올리겠지만 미디어텍 같은 팹리스 기업도 있다.

그외의 팹리스 기업들

엔비디아도 2010년경 모바일 프로세서 '테그라'를 개발해 태블릿 시장에 진출했다. 하지만 스마트폰과 태블릿의 저소비전력에는 대응하지 못해 성공했다고 하기는 어려웠다. 경쟁이 치열한 시장인 데다 3G에서는 퀄컴의 특허 문제도 있어 엔비디아는 해당 시장에서 철수했다.

팹리스는 운신의 폭이 넓은 만큼, 공장을 지을 자금이 없어도 어느 정도만 자본이 있으면 시장 진출이 가능했다. 미디어텍이나 퀄컴, 엔비디아 등이 팹리스로 시장에 진출했는데 여전히 일본 기업의 등장은 많지 않았다.

일본 최초의 팹리스로 설립된 회사는 도시바 엔지니어 출신의 이즈카 데쓰야가 창업한 자인일렉트로닉스다. 이 회사는 삼성으로부터 디스플레이 제어 인터페이스 IC를 수주하여 팹리스의 선구자로 주목받았다. 미쓰비시전기, 리코 출신의 신도 마사히로가 설립한 메가칩스(MegaChips)는 한때 일본의 팹리스 정상에 오르기도 했다.

2015년 3월에 창업한 소시오넥스트는 후지쯔와 파나소닉의 시스템 LSI 부문이 통합해 만들어 진 팹리스 반도체 기업이다. 2018년에 고에즈카 마사히로 CEO가 취임한 이후, 해외 수주를 활성화하면서 최첨단 프로세스인 SoC 설계를 맡아 연간 2천억 엔의 매출을 달성할 정도로 승승장구했다. 하지만 엔화가 초약세인 시점에서는(2024년 5월) 달러 기준으로는 세계 10위에 미치지 못하고 있다.

해외 팹리스 반도체 기업들은 각각 커다란 강점이 있다. 엔비디아는 GPU와 AI, 퀄컴은 모바일 프로세서와 모뎀, 자일링스(2022년 AMD가 인수)와 알테라(2015년 인텔이 인수)는 FPGA(Field-Programmable Gate Array) 등 각각 강점이 있는 제품을 보유하고 이를 중심으로 계속 성장하고 있다. 이에 비하면 일본의 소시오넥스트는 아직 반도체 설계 작업을 담당하는 디자인 하우스(팹리스의 설계 도면을 제조에 최적화되도록 재설계하여 파운드리에 제공-옮긴이) 단계의 업무가 많다. 그래도 이미 해외 고객사를 확보하고 3나노미터와 5나노미터 등 최첨단 제품 설계를 맡고 있다.

제 5 장

반도체란 무엇인가

반도체는 원래 재료 이름

반도체란 절반이 도체라는 뜻이다. 영어로도 Semi-conductor라고 해서 같은 의미를 나타내고 있다. 즉 도체와 절연체의 중간 성질을 가지는 물질이다. 도체는 전기를 잘 통과시키고 절연체는 거의 통과시키지 않는다. 반도체는 그 중간에 있다고 해서 그렇게 불리게 되었다.

요즘은 반도체라고 하면 반도체 집적회로(IC, Integrated Circuit)를 가리킨다. 신문이나 인터넷에서 쓰이는 반도체라는 단어는 IC를 말하는 경우가 많다. 하지만 원래는 도체와 절연체의 중간 성질을 갖는 재료라는 의미다.

반도체라는 소재를 연구하던 19세기에서 20세기 초, '전기를 통과시키는 도체와 통과시키지 않는 절연체의 중간물질이라면 인간이 의도하는 대로 전기를 흘려보내고 멈추는 디바이스를 만들 수 있을 것'이라는 발상이 생겨났다.

이번 장에서는 반도체 물리학과 전자회로를 바탕으로 한 기술 관련 설명이 많으니, 5장은 건너뛰고 다음 장으로 넘어가도 무방하다.

n형+p형=전류 제어

재료 연구를 통해 원자 주기율표에서 1가와 7가의 정 가운데인 4가의 결정 재료가 반도체가 된다는 사실을 알게 되었다. 실리콘(Si 규소)과 게르마늄(Ge)은 4가 원소다.

4가 원소는 전기적으로 플러스나 마이너스가 되기 어렵다는 특징이 있다. 순수 반도체는 사실 절연체에 가깝다. 전기적으로 중성인 4가 원소에 5가 원소를 약간 섞자 전류가 아주 잘 통한다는 사실을 확인했다. 마찬가지로 4가 원소에 3가 원소를 조금 넣어도 전류가 흘렀다. 다만 3가 원소를 넣었을 때와 5가 원소를 넣었을 때는 전류가 반대 방향으로 흐른다는 사실도 알아냈다.

4가인 실리콘(Si)에 5가인 인(P)을 1만 분의 1% 정도 넣어 전자가 풍부해진 반도체를 n형 반도체라 불렀다. n형은 전자라는 마이너스 전하를 가지는 입자가 흐르기 때문에, Negative의 앞 글자를 따서 n이라 부르게 되었다.

반대로 3가인 붕소(B)를 1만 분의 1% 정도 섞은 반도체는 p형 반도체라고 한다. p형은 전자의 빈 껍질(정공)이 움직이는 것처럼 보이기 때문에 플러스 전하를 갖는다. Positive라는 의미에서 p형이라 불리게 되었다.

연구를 통해 p형 반도체와 n형 반도체를 접합시켜 p 쪽에 플러스, n 쪽에 마이너스 전지를 연결하면 전류가 흐르고, 그 반대로 연결하면 전류가 흐르지 않는다는 사실을 알게 되었다. 연구자들은 '구조를 고안하면 전류의 흐름을 제어할 수 있을 것'이라고 생각했다.

트랜지스터의 탄생

미국 벨 연구소의 윌리엄 쇼클리(1910~1989), 존 바딘(1908~1991), 월터 브래튼(1902~1987) 등 세 명의 연구자는 n 쪽에 플러스, p 쪽에 마이너스 전압을 주어 전류가 흐르지 않는 상태로 만들었다. 그다음 그 사이에 전류를 흘려보내는 수도꼭지 같은 장치를 설치해서 p형 반도체의 가운데에 n형 영역을 만드는 구조를 고안했다. 게르마늄(Ge) 결정을 만들고 p형-n형-p형의 구조로 해서 n형 부분을 최대한 얇게 함으로써 전류의 흐름을 제어할 수 있으리라고 생각했다.

실제로 두 개의 p형 부분에 전압을 걸어두고 가운데 n형 부분에 마이너스 전압을 추가하면, 전류가 흐른다는 사실을 확인했다. 이것이 pnp 트랜지스터다([자료 5-1]).

이 발견에는 약간의 사연이 있었다. 앞에서 말한 세 명의 연구자 중 쇼클리가 상사였는데, 그가 출장으로 자리를 비웠을 때 두 명의 부하

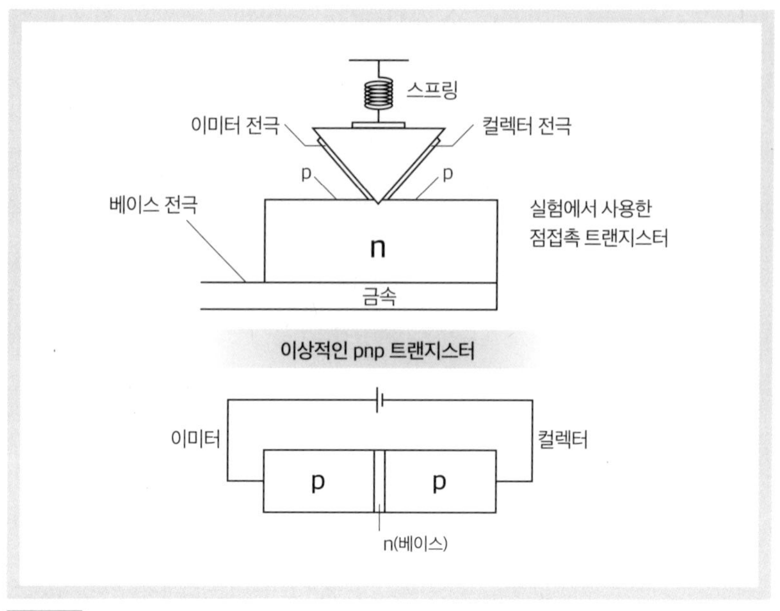

자료 5-1 pnp 트랜지스터

직원이 트랜지스터 동작을 발견했다. 쇼클리는 역사적인 실험에 참여하지 못한 아쉬움이 가득했다. 그런데 부하 직원 두 사람의 실험에서는 n형 반도체를 점으로 겨우 접촉시킨 상태여서 쇼클리는 '산업적으로 안정된 제품은 아닐 것'이라고 생각했다. 쇼클리는 p형-n형-p형 반도체를 확실하게 접합시키는 구조의 트랜지스터가 있어야 상용화가 가능하다고 여겼고, 접합형 트랜지스터를 제안해 이를 제품화할 수 있었다.

트랜지스터 개발 계기

벨 연구소가 트랜지스터를 만든 계기는 미국 국방부의 요청이었다. 진공관 증폭기는 금방 고장이 나니 진공을 사용하지 않는 고체 장치(솔리드 스테이트) 증폭기를 만들어 달라는 요청이었다.

반도체가 상용화되기 전에는 진공관으로 전자의 흐름을 제어했다. 진공관은 말 그대로 유리관 속을 진공 상태로 만들고 내부 히터를 켜면 거기에서 많은 전자가 떠다니는 것을 이용한 증폭기다. 뜨겁게 열을 가할수록 많은 전자가 흐르고 소비전력도 커진다. 또 진공관은 유리 내부를 진공 상태로 만드는 구조라서 외형도 커진다. 제조사가 진공 유리 용기를 작게 만들려고 애써도 한계가 있었다. 무엇보다 치명적인 건 수명이 짧다는 점이었다. 얇은 히터에 열을 가하기 때문에 히터가 중간에 툭 끊어지는 일이 많았다. 이 때문에 미국 국방부가 진공관이 아닌 고체 증폭기를 만들어 달라고 벨 연구소에 의뢰한 것이다.

1947년 12월, 세 명의 연구자는 게르마늄 반도체를 사용해서 트랜지스터를 발명했다. 전자식 컴퓨터 에니악(ENIAC)도 거의 같은 시기인 1946년에 펜실베이니아 대학에서 개발되었다. 전자식 컴퓨터는 진공관을 수천 개나 사용해서 전류의 흐름을 제어해 1과 0으로 표현했다.

그러나 진공관식 컴퓨터는 계속해서 진공관을 교체해야 할 만큼 신뢰성이 낮았다. 여기에서도 역시 고체 증폭기를 쓰자는 주장이 강해져, 접합형 트랜지스터가 완성된 이후 컴퓨터에도 트랜지스터가 사용되기 시작했다. 다만 최대 60~70℃의 온도에서만 정확한 트랜지스터 동작을 했기 때문에 산업적으로는 게르마늄에서 실리콘으로 대체되었다. 실리콘은 150℃에서도 동작할 수 있어서다. 특수한 용도로는 175℃에 견딜 수 있는 것도 있다. 이렇게 해서 컴퓨터에도 실리콘 트랜지스터가 쓰이게 되었다.

실리콘 결정 웨이퍼에 트랜지스터를 형성하는 데는 사진처럼 빛을 쏘아 현상해서 패턴을 그리는 리소그래피 기술이 사용되었다. 웨이퍼 상에 트랜지스터를 어레이 형태로 배열하고 트랜지스터를 배선으로 연결한다. 트랜지스터를 통해 증폭회로가 만들어 지고 집적회로(IC)로 발전해나갔다.

집적회로로의 발전

하나의 기판 위에서 각 트랜지스터를 배선으로 연결해 집적회로가 탄생했다. 그 결과 아날로그 IC와 디지털 IC를 쉽게 만들 수 있게 되었다.

증폭회로(앰프)는 아날로그 IC의 대표적인 예다. 트랜지스터가 만들어진 시점에서 입력 베이스 전류를 흘리면 출력에는 베이스 전류보다 큰 컬렉터 전류가 흘러 그대로 증폭기로 사용할 수 있었다.

컴퓨터가 발전하지 않았던 1960~1970년대는 아날로그 IC 전성시대였다. 그래서 일본의 종합 전자기기 업체는 아날로그 IC를 라디오와 텔레비전, 라디오 카세트, VTR 등의 전자제품에 채택한다.

트랜지스터는 디지털 회로로서 1과 0을 표현하는 스위치 역할도 했다. 전압의 높고 낮음, 혹은 전류의 흐름과 차단이라는 두 가지 상태를 1과 0에 대응시켰다. 이를테면 두 개의 트랜지스터를 직렬로 접속하면 AND 회로, 병렬로 접속하면 OR 회로가 생성된다([자료 5-2]). NAND는 AND 회로를 부정하는 NOT을 추가한 것이고, NOR는 OR 회로를 부정하는 NOT을 추가한 것이다. 각각의 출력은 AND 회로, OR 회로와 반대가 된다.

이러한 디지털 회로는 주로 미국에서 컴퓨터 용도로 발전했다. 아날

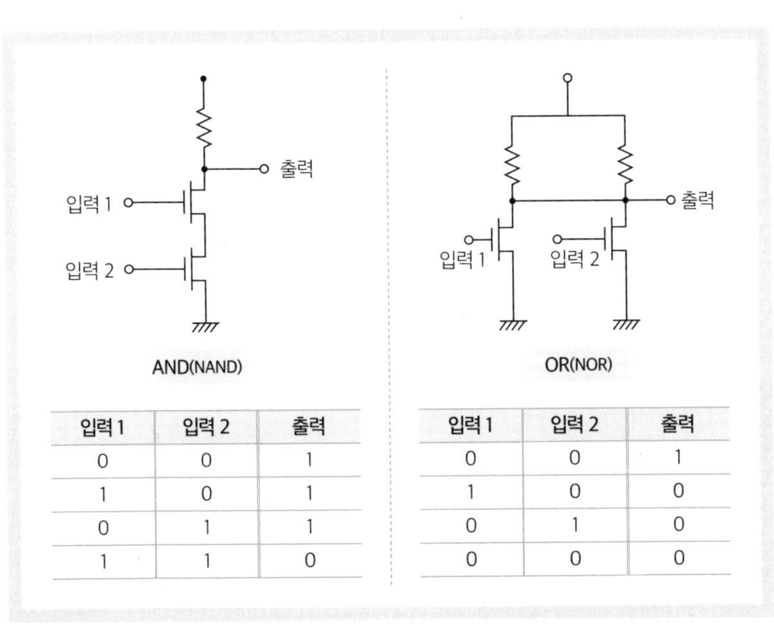

입력 1	입력 2	출력
0	0	1
1	0	1
0	1	1
1	1	0

입력 1	입력 2	출력
0	0	1
1	0	0
0	1	0
0	0	0

자료 5-2 AND와 OR의 기본 회로

로그 IC를 잘 활용해 아날로그에서 디지털로 변환하는 IC(A-D 컨버터)와 그 반대인 D-A 컨버터라는 IC를 비롯해 디지털화의 움직임은 미국에서 활발하게 이루어졌다.

영국의 수학자가 고안한 컴퓨터 개념

집적회로(IC)는 원래 고객별로 만들어 지는 것이 많았다. 그래서 작업이 번거로웠는데, 반도체 업체로서는 대량으로 사줄 고객이 필요했다.

대량 판매한 제품은 전자계산기용 IC였다. 전자계산기는 1960년대 후반에 등장해 손바닥만 한 크기로 소형화되었는데, 이때 IC가 위력을 발휘했다. 전자계산기 용도로 IC를 대량 판매하기는 했지만, 제조사별로 IC를 다시 설계해야 했다. 전자계산기에도 사칙연산만 하는 단순한 제품부터 함수 전자계산기까지 종류가 다양해서 각각의 용도에 맞게 여러 종류의 IC가 필요했다.

그래서 인텔은 전자계산기 제조사별로 IC를 만들지 않고 컴퓨터 방식으로 만들려고 생각했다. 컴퓨터는 일본에서 계산기라고 번역되어, 계산하는 기계로 여기는 사람이 많다. 하지만 처음 컴퓨터의 개념을 구상한 영국의 수학자 앨런 튜링은 기반이 되는 하드웨어를 만들고 '프로그램을 바꾸면 다른 작업을 하는 기계'를 고안했다. 이것이 바로 컴퓨터다. 즉 기반이 되는 하드웨어라는 기계에다 프로그램인 소프트웨어를 조합한 것이 컴퓨터다.

컴퓨터는 계산 작업은 물론이고 업무를 프로그램대로 배분하거나 우선순위를 매기는 '제어' 작업도 한다. 예컨대 우리가 PC에서 워드라는 소프트웨어를 써서 문자를 입력하는 작업은 '계산'이 아니라 '제어'라는 기능을 주로 사용한다.

인텔은 컴퓨터 방식의 전자계산기 IC를 '마이크로프로세서'라 이름 짓고 처리 작업에 필수적인 메모리도 함께 개발했다. 마이크로프로세서를 개발함으로써 소프트웨어만 바꾸어 A사의 전자계산기, B사의 전자계산기에 모두 사용할 수 있는 IC를 만들게 되었다.

컴퓨터의 보급과 반도체

4비트의 마이크로프로세서가 발명된 1971년에는 컴퓨터 엔지니어들이 인텔의 4비트 마이크로프로세서를 컴퓨터의 '장난감'이라 표현했다. 하지만 이에 굴하지 않고 인텔은 마이크로프로세서의 성능 향상에 매진했다.

8비트에서 16비트로 발전하자 컴퓨터 엔지니어들의 생각도 바뀌었다. 더 나아가 인텔이 32비트 프로세서를 개발했다. 그러자 컴퓨터 엔지니어들은 집적도가 낮은 IC를 모아 CPU 보드를 만들기보다, 인텔 칩을 CPU로 사용하면 더 작고 저렴하며 쓰기 편하다고 생각해서 자체 CPU 보드 개발을 중단했다.

컴퓨터는 범용 대형의 메인 프레임에서 규모가 작은 소형 컴퓨터나 사무용 컴퓨터, 워크스테이션 등으로 다운사이징이 이루어졌다. 언제든지 사용 가능한 컴퓨터를 찾는 사용자가 늘었기 때문이다.

메인 프레임은 성능이 뛰어났으나, 엔지니어가 직접 프로그램을 짜서 메인 프레임으로 처리하도록 프로그래머에게 의뢰하러 가면 "3~4일 후에 처리하겠다"라는 대답을 듣기 일쑤였다. 즉 메인 프레임 작업에는 '대기 시간'이라는 개념이 있었다. '성능이 낮더라도 바로 처리할 수 있는 컴퓨터가 있으면 좋겠다'라는 사용자들의 의견이 많아지면서 다운사이징 움직임이 일었고, 이것이 PC로 발전했다.

다운사이징은 컴퓨터를 PC라는 친숙한 물건으로 바꾸어 놓았다. 그리고 PC에서 다시 작은 스마트폰으로 대체되어 갔다. 스마트폰은 휴대전화 기능도 있지만 소형 컴퓨터라고 보는 게 맞을 듯하다. 애플리케이션을 바꾸면 다양한 기능을 사용할 수 있기 때문이다. 참고로 현재 아이폰의 처리 성능은 1980년대의 슈퍼컴퓨터보다 높다고 한다.

반도체 IC를 사용한 제품 보급

마이크로프로세서와 메모리의 발명은 전자제품에 커다란 영향을 주었다. 컴퓨터의 소형화로 이어졌을 뿐만 아니라 가전제품에도 탑재하게 되었다. 소프트웨어만 바꾸면 기능 추가가 가능해 여러 제품에 마이크로프로세서와 메모리가 들어갔다.

예를 들면 마이크로프로세서와 메모리, 주변 회로를 하나의 칩에 집적시킨 마이크로컨트롤러라는 제품이 있다. 성능은 그리 높지 않으나 프로그램을 쓸 수 있으면 누구나 쉽게 디지털 제어를 할 수 있고 가격도 저렴하다.

필자는 25년 이상에 걸쳐 매년 12월에는 집 주변을 크리스마스 일루미네이션으로 장식했다. 아키하바라에서 표준 로직이라는 IC를 구입해 여러 형태로 깜빡이는 디지털 제어 회로를 직접 만들었다. IC나 저항, 콘덴서 등의 수동 부품을 사 와서 만드는 것보다 저렴한 마이크로컨트롤러로 프로그래밍하니 더 빨리 만들 수 있었다.

전기를 사용하는 모든 제품에 들어가는 반도체

마이크로컨트롤러는 세탁기나 청소기, 냉장고, 전기밥솥 등 모든 가전제품에 사용되고 있다. 가전제품에는 마이크로컨트롤러의 계산 성능이 필요한 게 아니라, 마이크로컨트롤러에 소프트웨어를 집어넣어 다양한 기능을 추가할 수 있기 때문이다. 예컨대 전기밥솥을 사용하면 누구나 맛있는 밥을 지을 수 있는 것은, 밥솥의 마이크로컨트롤러에 맛있는 밥을 짓는 순서가 프로그래밍되어 있기 때문이다.

마이크로컨트롤러는 성능이 그리 높지 않은 반도체인데, 그 이유는 성능보다 제어가 필요하기 때문이다.

반대로 제어보다 성능을 중시한 고도의 반도체 개발도 진행되었다. 고도의 반도체를 사용하면 AI 기능과 고도의 수치 연산 시뮬레이션 기능 등을 구현할 수 있다. 또 컴퓨터를 대량으로 늘어놓은 데이터센터 등에서는 일기예보나 이를 시각화하는 소프트웨어를 작동시켜 한눈에 날씨를 파악하도록 사진과 영상으로 보여줄 수도 있다.

자동차 분야에서도, 자율주행이나 사고를 내지 않는 자동차 제조에는 AI나 컴퓨터 기능을 빼놓을 수 없어 반도체가 필요하다. 또 리튬이온전지를 보호하는 반도체 IC도 있다. 전기자동차에는 엔진 역할을 하는 모터 제어용 반도체나 배터리에 충전하는 IC, 전원용 IC 등 다양한 종류의 IC가 필요하다.

이 밖에도 마이크로프로세서와 메모리는 카메라, 프린터, 게임기, 에어컨 등 소비자용 제품부터 우주항공 분야, 통신 분야, 의료 분야 등 다양한 분야에서 쓰이고 있다. 컴퓨터와 같은 구조의 시스템을 '임베디드 시스템'이라 하는데 이 시스템의 이용이 확대되고 있다. 이처럼 전기를 사용하는 모든 제품에는 반도체가 쓰인다. '반도체는 사회의 두뇌'라고 할 정도로, 이제 우리에게 반도체는 없어서는 안 될 존재가 되었다. 각 분야에서 소프트웨어를 개발하는 기업이 필요해졌고 반도체 IC를 사용한 제품의 분야는 점점 더 확대되고 있다.

모래 속에 있는 실리콘 원료

실리콘은 민주적인 재료라 해도 좋을 듯하다. 원료가 모래 속에 있기 때문이다. 실리콘은 지구상의 어디에나 있는 물질로, 특정 국가에서만

나는 게 아니다.

실리콘밸리의 컴퓨터 박물관에 있는 인텔 부스에는 모래 그림과 IC 칩 그림이 크게 장식되어 있다. 모래 속에는 유리와 같은 작은 입자의 산화 실리콘이 대량으로 포함되어 있다. 이 모래를 대량의 수소로 환원시키면 다결정이 되고, 이 다결정 실리콘을 정제해서 단결정 실리콘으로 완성한다. 순도는 99.999999999%로, 9가 11개나 들어갈 정도의 높은 순도가 필요하다. 실리콘 결정 안에 있는 전자가 지나가는 곳에 불순물이 있으면 방해가 되기 때문이다.

이러한 실리콘 결정에 전자회로를 새긴 것이 IC인데, MOS(Metal-Oxide-Semiconductor, 금속-산화막-반도체)라 불리는 트랜지스터 구조로 만들면 집적화하기 쉬워진다. 엔비디아의 최신 GPU 칩인 '블랙웰'에는 2,080억 개나 되는 트랜지스터가 집적되어 있다.

제 6 장

주목해야 할 기업과 반도체 공급망

미국은 컴퓨터, 일본은 소형 라디오와 전자계산기

5장의 마지막에 언급한 MOS 트랜지스터는 집적하기 쉽다는 특징만 있는 게 아니다. MOS 트랜지스터의 가로, 세로, 높이 등의 크기를 정확히 비례 축소하는 스케일 다운을 하면 트랜지스터의 성능이 올라가고 소비전력은 내려간다는 장점이 있다. 미세화하면 할수록 트랜지스터의 집적도가 증가해 성능도 올라가고 소비전력도 내려가므로 집적도는 점점 향상되었다.

IC가 만들어 진 1960년대 초, 페어차일드 반도체의 고든 무어(이후 인텔 회장)가 IC의 집적도는 매년 2배의 속도로 올라간다는 비즈니스 법칙을 발견했다. 바로 '무어의 법칙'이다.

고체 안을 돌아다니거나 멈추는 등 전자가 자유자재로 움직일 수 있다는 사실을 알게 되자 반도체를 만들어 보려는 기업이 많아졌다. 일본에서도 소니, NEC, 히타치제작소, 도시바, 미쓰비시전기, 후지쯔, 마쓰시다 전기산업(현 파나소닉), 샤프 등 대부분의 전자기기 업체가 반도체 사업에 뛰어들었다.

미국에서는 반도체 IC를 사용해 컴퓨터를 만들려고 했던 반면, 일본에서는 소니를 필두로 소형 라디오를 만드는 분위기였다. IC는 TV에도 응용되었지만 가장 영향이 컸던 것은 전자계산기로, 샤프나 카시오 등이 전자계산기 개발 경쟁을 벌였다.

미국에서는 인텔이 일본의 비지컴으로부터 전자계산기용 칩 제조를 의뢰받고 설계를 고민하고 있었다.

앞의 5장에서 언급한 바와 같이 인텔은 각 고객사의 전자계산기에 맞추어 IC를 다르게 만들지 않고, 하드웨어는 공통으로 사용하되 소프트웨어를 고객별로 커스터마이징하는 방식을 생각해냈다. 이것이 마이크로프로세서와 메모리의 발명으로 이어졌다. 1971년의 일이다.

메모리를 만드는 데 주력한 일본 기업

한편 일본 기업은 메모리를 만드는 일에 주력했다. D램 메모리는 기억 용량이 크고 대량생산이 가능해 일본 기업들이 앞다투어 D램을 만들기 시작했다. 16Kb(킬로비트), 64Kb, 256Kb, 1Mb(메가비트), 4Mb 등으로 메모리 용량, 즉 집적도를 올려 나갔다. 그 계기가 된 것은 1978년~1979년경에 만들어 진 64Kb 제품이었다.

당시 '컴퓨터의 거인'이라 불린 IBM이 새로운 컴퓨터를 개발하기 위한 퓨처 시스템 프로젝트를 수행한다는 소문을 들은 일본의 통상산업성은 일본 컴퓨터가 세계 시장에서 경쟁할 수 있게 해보자고 생각했다. 그렇게 컴퓨터의 기본 기술인 반도체를 강화할 목적으로 '초LSI 기술연구조합'이 설립된다. 서로 경쟁자로 여겼던 일본 기업들이 반도체 공동연구를 하게 되었다. 정부의 자금 지원을 받은 연구조합의 활약으로 일본 기업은 세계에 한발 앞서 64K D램 제품을 구현하며 미국 반도체 기업을 압도했다. 그 후 256K, 1M, 4M에서도 일본의 전성시대는 계속되었다.

한편 미국에서는 국방부는 1980년부터 1990년에 걸쳐 초고속 집적회로(VHSIC) 개발 계획을 추진했다. 필자는 그 계획이 베트남 전쟁의 실패로 인한 것이라는 사실을 최근에야 알았다. 베트남 전쟁에서 미국의 미사일 명중률이 매우 낮았는데, 정확도를 높일 필요성을 느꼈던 것 같다.

당시 일본 반도체 관계자는 "미국의 VHSIC 계획은 일본의 VLSI 공동연구를 모방한 것이다"라고 말했다. 그러나 미국의 역사학자 크리스 밀러는 2022년에 집필한 저서 『칩워, 누가 반도체 전쟁의 최후 승자가 될 것인가』에서 베트남 전쟁 시 미사일이 목표물에 전혀 맞지 않았기 때문에 이를 개선하려는 취지에서 VHSIC 계획이 수립되었다고 썼다.

당시 인텔은 내심 미국 국방부로부터 의뢰받는 일을 별로 반기지 않았다. 요구 사항이 까다로운 데 비해 시장이 그리 크지 않았기 때문이다. 하지만 지금은 국방부가 요구하는 칩 제조 의뢰도 받고 있다.

팹리스, 파운드리, IDM, EMS, 그리고 각국의 기업

반도체 분야는 앞의 4장에서 설명한 팹리스 외에 파운드리, IDM, EMS(Electronics Manufacturing Service), 장비 업체, 소재 업체, 반도체 사용자 등으로 공급망이 구성되어 있다([자료 6-1]).

대만의 TSMC를 비롯한 파운드리는 반도체를 설계하는 팹리스 기업이나 IDM으로부터 주문을 받아 반도체를 제조한다.

팹리스 기업은 미국이 압도적으로 우세하며 대만도 선전하고 있다. 팹리스의 선두 주자는 두말할 필요 없이 엔비디아이고 그다음으로 퀄컴, 브로드컴 등의 순이다. 대만 기업 미디어텍은 팹리스 대기업 반열에 올라섰다.

IDM에서 최대 대기업은 인텔이지만 메모리 제조사도 많다. 삼성전자, SK하이닉스, 마이크론 테크놀로지 등 D램 상위 3개사가 D램 분야에서 90% 이상의 점유율을 자랑하고 있다.

또 아날로그 반도체 제조사나 파워 반도체 제조사도 IDM 형태로 운영하고 있다. 예를 들면 미국의 텍사스인스트루먼트나 애널로그 디바이시스, 일본의 르네사스 일렉트로닉스, 소니 세미컨덕터 솔루션, 닛신보 마이크로 디바이스, 로옴, 미네베아미쓰미 등이 여기에 해당한다. 유럽

자료 6-1 반도체 공급망과 우세 기업 보유 국가

업체도 IDM 형태를 취하고 있는데 인피니언, ST마이크로, NXP 등이 대형 업체다. IDM보다는 팹리스나 파운드리 쪽이 성장률이 높다고 알려져 있다.

설계에서 주목받는 EDA 벤더 기업

플레이어는 이뿐만이 아니다. [자료 6-2]에 나와 있듯이 반도체 공급망을 보면 팹리스의 설계에서는 시놉시스나 케이던스 등의 EDA(Electronic Design Automation, 설계·검증 툴) 벤더가 있다. 또 ARM이나 시놉시스, 이미지네이션 테크놀로지 같은 IP 벤더도 팹리스 기업에 설계 자산인 회로를 제공한다.

설계할 때는 IC로 구현하고자 하는 기능의 동작을 프로그래밍 언어로 써나간다. 그 동작을 회로 패턴으로 변환하기 위한 언어로 바꾸어 AND나 OR, NOT 등의 논리(로직)를 조합한 회로로 표현한다. AND나 NOR 등은 트랜지스터를 사용해 표현할 수 있다. 최종적으로 트랜지스터를 조합한 전자회로를 제조하기 쉬운 패턴으로 변환하여 포토마스크(설계도)라 불리는 회로 패턴을 얻게 된다. 완성된 포토마스크를 제조 공장에 보내면 칩 제조가 시작된다.

이러한 일련의 작업에서는 중간에 프로그래밍 버그나 실수를 검증하면서 진행한다. 엔지니어들은 프로그래밍뿐만 아니라 버그나 실수의 검증을 반복하느라 컴퓨터와 대치하는 상태에서 일상을 보내게 된다. 이처럼 설계에 필요한 소프트웨어를 만드는 기업을 EDA 벤더라고 하는데 앞서 언급한 미국의 시놉시스(Synopsys), 케이던스(Cadence), 그리고 지멘스 EDA가 상위 3개사다.

설계 공정 마지막 단계인 포토마스크 제작에서는 일본 기업이 강세다. 다이닛폰인쇄(DNP)나 토판[TOPPAN, 2024년 11월 1일부로 사명 '테크센드(Tekscend) 포토마스크'로 변경], 호야(HOYA) 등이 세계적으로도 경쟁력이 있

공급망	미국	대표 기업	일본	대표 기업	비고
IT 서비스	강	구글, 메타, 아마존, 마이크로소프트	약	라쿠텐, 야후 재팬	
IC 사용자	강	델, 애플, HP, 마이크로소프트 등	약	소니, 파나소닉	
IC 제조사	강	인텔, 마이크론 테크놀로지, AMD, 텍사스인스트루먼트, 퀄컴 등	약	키오시아, 르네사스, 소니 세미컨덕터	
IC 팹리스	강	엔비디아, 퀄컴, AMD, 브로드컴 등	약	소시오넥스트, 메가칩스	
IC 파운드리	약	글로벌파운드리, 스카이워터 테크놀로지	약	라피더스, JS파운드리	대만이 압도적 강세
IC 설계 툴	강	시놉시스, 케이던스, 지멘스 EDA	약	주켄	
IC 장비	강	어플라이드 머티리얼즈, 램리서치	강	도쿄일렉트론, 어드반테스트, 스크린홀딩스	
IC용 소재	중	듀폰	강	신에츠화학, 섬코, JSR, 도쿄오카공업	
OSAT	약	앰코(Amkor) 외 없음	약	이비덴, 신코전기공업	대만과 중국이 강세
IC 패키지 소재	중	듀폰	강	레조낙, 미쓰이화학, 아지노모토	

자료 6-2 미국과 일본의 대표 반도체 기업

다. 포토마스크를 검사하는 기업도 일본이 강한데, 포토마스크의 결함 검사 장비 업체로는 레이저텍, 뉴플레어 테크놀로지 등이 있다.

소재와 장비 분야에서도 강한 일본

반도체 제조 공장에서는 실리콘 반도체 웨이퍼 안에 n 영역, p 영역, 절연 영역 등을 형성하기 위한 리소그래피, 포토레지스트 도포, 현상, 에칭, 고온로, 성막, 세정 등의 공정을 여러 번 반복한다. 그렇게 해서 n 영역과 p 영역, 절연 영역 등을 만들고 그 위에 배선 층을 형성한다. 이 모든 공정은 1천여 개 정도 된다.

이들 공정을 책임지는 제조 장비나 소재 분야에서도 일본은 강점을 보인다. 제조 장비는 거의 컴퓨터 제어로 자동화되었는데, 장비와 장비 사이를 물리적으로 연결하는 이송 장비나 로봇 분야도 다이후쿠, 무라타기계, 로체(Rorze) 등 일본 기업의 실력이 뛰어나다.

제조 장비에서는 현상, 에칭, 세정 등을 잘하는 도쿄일렉트론과 세정을 잘하는 스크린홀딩스, 성막 장비는 고쿠사이일렉트릭, 형성된 막을 관찰하거나 계측하는 장비는 히타치하이테크가 강하다. 포토레지스트 소재에서는 JSR과 도쿄오카공업, 결정 실리콘 웨이퍼에서는 신에츠화학공업과 섬코 등이 강세다. 이에 비해 미국 기업인 어플라이드 머티리얼즈와 램 리서치는 리소그래피 이외의 제조 장비 전체에 강하다. 리소그래피는 네덜란드의 ASML이 압도적 우위에 있으며 최첨단 EUV 장비에서 타의 추종을 불허한다.

웨이퍼에 회로를 형성하는 작업이 끝나면 완성된 웨이퍼는 후공정으로 보내진다. 후공정은 OSAT(Outsourced Semiconductor Assembly And Test,

IC칩 패키징 및 테스트 공정)라고 한다. OSAT를 전문으로 하는 기업 중에서는 대만 기업이 우세인데, 에이에스이(ASE)와 스필(SPIL) 등이 선두권을 형성하고 있다. 이 공정에서는 웨이퍼를 얇게 만들어 절단하기 쉽게 깎는다. 그다음에는 웨이퍼에서 칩으로 잘라내는 작업에 들어가 레이저 톱 등의 장비로 절단한다. 이 작업에 쓰이는 장비 업체로는 일본의 디스코(Disco Corporation)가 우위에 있다.

칩으로 자른 후에는 칩을 기판에 고정하는 다이 본딩, 칩 표면상에 노출된 전극과 IC 제품의 외부 단자를 연결하기 위한 와이어 본딩, 마지막으로 플라스틱 수지로 칩을 보호하기 위한 패키징 공정을 거친다. 그다음은 플라스틱 수지 위에 제품명 등을 마킹하고 최종 검사를 진행한다. 와이어 본딩 작업에서는 일본의 신카와(shinkawa), 카이조 등이 강세를 보인다. 검사 장비에서는 어드반테스트가 장악하고 있는데, 이 회사의 전체 매출액에서 해외 매출이 차지하는 비중이 95%에 달한다.

웨이퍼 완성 후 제조는 TSMC로

반도체 공급망 시점에서 보면, 엔비디아의 경우 설계는 직접 하고 제조를 대만의 TSMC에 위탁하고 있다. 완성된 웨이퍼는 TSMC가 패키징하기 쉽도록 재배선 층 인터포저(기판과 반도체 칩 사이를 연결하는 중간 기판-옮긴이)를 형성하고 칩 표면을 아래로 향하게 뒤집어 GPU 칩과 고대역폭 메모리(HBM), 전원용 PMIC 등을 기판 위에 부착한 다음 OSAT로 보낸다. OSAT는 이 인터포저를 기판에 장착하고 기판상의 전극과 접속한다. 그리고 테스트 후에 미국의 엔비디아에 보내고 있다.

글로벌 공급망이 형성되어 있는 셈인데, 여기에 정치적인 힘이 작용한다. 엔비디아처럼 하이엔드 칩이 아니라 표준 로직이나 연산 증폭기 같은 표준품은 중국에서 조립(어셈블리)하는 경우가 많다. 미국에서 설계하고 대만이나 중국에서 제조해 중국의 OSAT에서 패키징하게 되면, 중국에서 미국으로 완제품을 보내는 셈이다. 즉 정치적인 이유로 중국 수출을 금지당하면 다른 OSAT 회사를 찾아 나서야 한다는 말이다.

미국은 왜 반도체에 힘을 쏟는가

5장에서 설명한 대로 미국은 국방 분야가 나서서 반도체를 추진하고 있는데, 먼저 진공관 문제 때문에 트랜지스터를 발명하게 되었다. 앞에서도 잠시 언급했지만 미국이 반도체에 공을 들이는 또 하나의 이유는 미사일 때문이었다.

과거 방위 산업과 반도체의 관계는 무선통신기술 분야가 중심이어서 레이더로 적의 위치를 찾아내거나 도청 방지를 위한 통신 기술에 반도체가 사용되었다. 그것이 베트남 전쟁 후에는 미사일 명중률을 높일 필요가 생기면서 고속 컴퓨터를 도입해 명중률을 높이도록 바뀌어갔다. 컴퓨터(=반도체)를 사용해 본인과 적군의 미사일 위치와 속도 방향을 초 단위로 다시 계산하고, 이를 반복함으로써 목표물에 접근한다. 공격은 물론 요격 시에도 초고속으로 계산한다. 쌍방의 미사일 위치와 속도 방향을 계산하려면 고속 컴퓨터, 다시 말해 고도의 반도체가 필요하다.

사이버 테러 대책과 대중국 수출규제 강화

최근에는 인터넷상에서 일어나는 사이버 공격도 빈번해졌다. 미국 정부는 사이버 테러 대책 마련에도 전력을 다하고 있다. 이를테면 중국 화웨이의 통신 장비에 백도어가 있어 중국 정부에 민감한 정보가 그대로 유출될 것이라고 우려한다.

3~4년 전에는 화웨이의 자회사인 하이실리콘이 7나노미터 프로세서 칩을 설계해 대만의 TSMC에 제조를 맡겼다. 이 덕분에 중국은 7나노미터라는 첨단 기술 칩을 손에 넣을 수 있었다고 한다. 그러나 이 사실을 알게 된 미국은 '미국 기업의 반도체 제조 장비를 사용해서 만들어 진 칩을 중국에 수출해서는 안 된다'라는 규제를 내걸었다. TSMC 제조 공정에서 미국 기업의 반도체 제조 장비가 일련의 반도체 제조 공정 어딘가에 반드시 들어가기 때문에, 실질적으로 대만에서 중국으로 칩을 보내지 못하게 된 것이다.

미국의 제재가 강화되자 중국은 국산화를 서두를 수밖에 없었고, 중국에서도 하이엔드 제품을 만들어 내는 수준까지 왔다. 화웨이의 최신 칩은 TSMC의 7나노미터 공정에 상당하는 단위 면적당 집적 트랜지스터 수를 구현해 하이테크 레벨에 들었다고 볼 수 있다. 미국의 제재가 강해질수록 중국은 반도체 내재화에 적극적으로 나서게 되었다.

한편 제조 장비 업체들은 중국으로의 수출 길이 막히자, 로테크(Low technology) 제품을 중국에 수출하기 위해 미국 정부를 상대로 로비 활동을 벌였다. 그 결과 첨단 제품이라고는 할 수 없는 8인치(200nm) 웨이퍼 제조 장비는 중국으로 수출하는 데 제재를 받지 않는다(2024년 8월 기준). 이에 따라 미국의 어플라이드 머티리얼즈는 2024 회계연도 2분기(2024년 2월~4월) 매출의 43%, 일본의 도쿄일렉트론은 2024 회계연도 4분기(2024년 1월~3월) 매출의 44%를 중국 시장에 수출했다.

중국의 반도체 기업들은 규제가 더 심해지기 전에 사 두려 하고, 미국과 일본의 장비 업체는 정부의 방침이 바뀌기 전에 팔아버리자고 생각한 듯하다. 그래서 반도체 수요가 본격적으로 높아지기 전인데도 많은 제조 장비가 중국에 판매되었다.

TSMC 유치와 일본 라피더스의 향방

미국 정부는 반도체를 가리켜 국가 안보에 빼놓을 수 없다고 표현했다. 일본 정부는 여기에 '경제'를 추가해 '경제 안보'라는 표현을 쓰면서 반도체에 힘을 싣겠다는 방침이다. 일본 구마모토현에 TSMC 공장을 유치한 것도 그 일환이라 할 수 있다.

하지만 대만 기업을 유치했다고 해서 일본 반도체 업체가 크게 활성화되는 일은 없을지도 모르겠다. 왜냐하면 미국의 마이크론 테크놀로지, 온세미(onsemi), 텍사스인스트루먼트(TI), 대만의 UMC(연화전자) 등은 오래전부터 일본 국내에 공장을 두고 있지만, 그렇다고 일본의 반도체 산업이 활기를 띠지는 않았기 때문이다.

글로벌 기업인 도쿄일렉트론과 어드반테스트는 그전부터 대만에 제품을 판매하려는 전략으로 움직였기 때문에 이번 일로 별다른 영향을 받지는 않을 전망이다. 다만 일본 국내 시장에서 활동하는 반도체 관련 기업들은 일본에 TSMC 공장이 있으면 일하기 쉬워질 것이다.

일본 정부는 라피더스(Rapidus, 2022년 도요타, 소니, 키오시아 등 일본 대표 8개 기업이 출자해 설립한 반도체 기업-옮긴이)라는 반도체 기업을 민간 기업으로 설립해 2027년부터 2나노미터 공정 양산에 들어간다는 목표로 지원금을 제공하고 있다.

현재 떠안고 있는 물과 전력 문제 외에 이 부분을 문제시하는 시선도 있다. 자본금 73억 엔에 비해 정부 보조금은 이보다 두 자릿수 이상 많은 9,200억 엔 이상이다. 그런 데다 총 5조 엔이 필요하다고 한다. 정부 보조금에 기댄 국책 회사 같은 반도체 기업은 세계에서도 유례를 찾아볼 수 없다. 과연 이렇게 해서 세계 반도체 기업들과 경쟁할 수 있을지 우려하는 시선이 존재하는 것이다.

갑자기 2나노미터라는 초 최첨단 공정부터 출발해서 실제로 양산까지 가능할지도 의문이다. TSMC는 공정 미세화보다 첨단 패키징 기술을 통해 높은 컴퓨팅 능력을 구현하고자 하기 때문이다.

그래도 산적한 문제들을 하나씩 해결하다 보면 성공이 눈앞에 다가올 것이다. 문제를 해결하겠다는 의지가 중요하다.

한편 팹리스인 엔비디아는 제조 능력을 신경 쓸 필요가 없다. TSMC나 글로벌파운드리, 라피더스 등 가능한 업체에 제조를 맡기기만 하면 된다. 이것이 팹리스의 장점이다.

엔비디아는 컴퓨팅 능력 향상에만 집중할 수 있고, 그렇게 해서 솔루션을 실현해낸다면 더 높은 곳에 올라서게 된다.

제 7 장

엔비디아가 주력해온 GPU란 무엇인가

다각형 조합으로 곡선도 자연스럽게

엔비디아는 창업 이래 게임기용 그래픽을 자연스럽게 그리기 위한 프로세서 GPU를 개발해왔다. 오로지 GPU에 주력해왔다고 해도 과언이 아닐 정도다. GPU를 통해 만들어 진 선명하고 사실적인 영상을 사용하면 몰입감이 더해져 게임의 주인공이 된 듯한 기분을 느낄 수 있다.

그래픽용 GPU였지만 GPU를 사용해 컴퓨터의 고속화가 가능하다는 사실을 알게 된 엔비디아는 이를 실현해왔다. 그 후 신경망 모델을 바탕으로 한 AI 분야에도 진출했다. GPU 1대로 게임기부터 고속 컴퓨터, 그리고 AI까지 구현한 것이다.

그렇다면 이 GPU란 무엇일까? 영상을 그리는 프로세서가 어떻게 AI 프로세서로 변신할 수 있을까? GPU의 구조를 알면 이해가 가능하다. 다소 수학적인 표현이 나오니 이해하기 어려우면 이번 장을 생략하고 읽어도 좋다. 엔비디아가 왜 GPU에서 고속 컴퓨팅, 그리고 AI로 발전할 수 있었는지를 과학 기술적인 측면에서 전달하고자 한다.

*

이 책에서 자주 등장하는 GPU란 Graphics Processing Unit의 약자로, 컴퓨터상에서 그림을 그리기 위한 전용 프로세서를 말한다.

컴퓨터상에 그림을 그리려면 직선은 물론 곡선도 정확하게 그려야 한다. 이를 위해 펜 대신 폴리곤(다각형)이라는 작은 요소를 사용해서 곡선을 표현했다. 보통은 삼각형을 기본 단위로 해서 그리는데, 삼각형 변의 길이를 여러 종류로 바꿔가면서 곡선을 그려낸다. 2차원뿐만 아니라 입체감 있는 3차원 물체도 폴리곤([자료 1-2] 참조) 구조로 표현이 가능하다.

3차원 화면에서는 물체의 뒤쪽을 보여주는 경우가 많은데 뒷면은 물체를 회전시켜서 표현한다. 이때 좌표축이나 점을 중심으로 회전시키기 때문에 좌표 변환 작업을 하기 위한 계산이 필요하다.

게임 등에서는 다양한 장면을 각각 다른 각도에서 보여줄 때가 있는데, 이것 역시 좌표 변환 처리로 해결한다. 우리가 보는 게임 영상 이면에서는 좌표 변환과 같은 아주 복잡한 계산이 이루어지고 있다.

좌표는 (x, y) 또는 (x, y, z)라는 점으로 표현하는데, 이 좌표가 어느 정도 움직이는지에 따라서 물체(이를테면 돌고래의 머리나 꼬리)가 얼마나 회전 이동하는지를 계산한다. 이런 계산은 행렬 연산식으로 나타낸다. 다시 말해 곱셈 누적(MAC) 연산으로 표현할 수 있다. 곱셈 누적이란 곱셈 한 후에 그걸 계속 덧셈해나가는 계산법이다.

색깔 섞기도 결국 곱셈 누적 연산

우리는 그림을 그릴 때 먼저 스케치를 한 다음 색칠을 한다. 이와 마찬가지로 그래픽에서도 삼각형의 폴리곤을 사용해 대충 밑그림을 그리고 나서, 이것을 정밀하게 완성해나간다. 즉 커다란 삼각형을 잘게 쪼개면 미세한 부분을 표현할 수 있다.

형태를 그렸다면 다음은 색칠하기다. 이때 색깔을 섞는 작업이 필요한데, 이 작업 역시 색의 각 요소를 곱셈 누적 연산하는 것과 같다.

컴퓨터로 그림을 그리는 경우, 인간이 그릴 때와 달리 큰 장점이 있다. 바로 화면을 수십 개에서 수백 개로 쪼개어 각각의 부분을 동시에 그릴 수 있다는 점이다. 인간은 한 장의 그림을 한쪽 구석 혹은 가운데에서부터 차례로 완성해나가지만, 컴퓨터는 전체를 잘게 나누고 그것을 동시에 병렬로 그리는 일이 가능하다. 어떻게 보면 캔버스 위에 수많은 인간이 자신이 담당한 부분을 함께 동시에 그리는 느낌이다. 그래서 고속으로 그림을 그릴 수 있는 것이다.

GPU에는 MAC 연산기가 대량으로 집적되어 있는데, 이것을 동시에 계산하게 작동시켜 한 장의 그림을 단시간에 완성해낼 수 있다.

게임에서는 영화처럼 사실적인 영상이 필요하다. 영상을 만들려면

30fps(1초당 30장의 프레임)가 필요하다고 한다. 30장의 사실적인 그림을 1초 만에 움직이게 하면 사실적인 영상이 된다. 여기에는 대량의 사실적인 그림을 그려낼 초고속 칩 성능이 요구된다.

미분 방정식과 복잡한 수치 계산에 강점

고속 계산 성능이 필요한 분야는 게임뿐만이 아니다. 슈퍼컴퓨터나 고성능 컴퓨팅(HPC) 분야에서도 고속 계산이 필요하다. 엔비디아는 슈퍼컴퓨터나 HPC에서 다양한 미분 방정식과 복잡한 계산식을 풀기 위해 곱셈 누적 연산을 이용한 수치 계산이 쓰이고 있다는 사실을 알게 된다. 곱셈 누적은 말 그대로 '$a_1 \times b_1 + a_2 \times b_2 + \cdots\cdots + a_n \times b_n$'과 같은 연산을 수행하는 방식이다. 복잡한 함수나 방정식을 수치 연산에서 근사치로 풀어내려면 급수로 전개하여 곱셈 누적 연산을 해야 한다. 여기에서 엔비디아는 GPU가 컴퓨터를 고속화하는 데도 쓰일 수 있다는 점을 알게 된 것이다.

슈퍼컴퓨터나 HPC에서는 연산 결과를 그래픽 표시로 시각화하는 작업도 수행하는데, 여기에도 GPU가 필요하다.

AI에도 활용 가능한 MAC 연산기

AI(기계학습/딥러닝)의 기반이 되는 신경망은 신경세포(뉴런) 하나에 다른 신경세포로부터 받은 데이터가 여러 개 들어오는 모델로 도식화할 수 있다([자료 7-1]).

하나의 뉴런에는 여러 개의 뉴런에서 보낸 데이터가 입력되는데, 이 데이터를 그대로 입력하는 게 아니라 각각 '가중치'를 부여해 조정된 값이 입력된다. [자료 7-1]에서는 가중치가 부여된 부분을 가변 저항기로 나타내었다. 가변 저항기의 저항값을 바꾸는 것이 바로 데이터에 곱셈할 때의 '가중치'가 된다.

각 뉴런에서는 이전 뉴런에서 보내온 복수의 데이터에 각각 가중치를 부여해 계산한다. 즉 '(데이터)×(가중치)'를 곱셈 누적해서 최종적으로 1 또는 0을 출력한다. 1 또는 0 어느 한쪽의 데이터가 그다음에

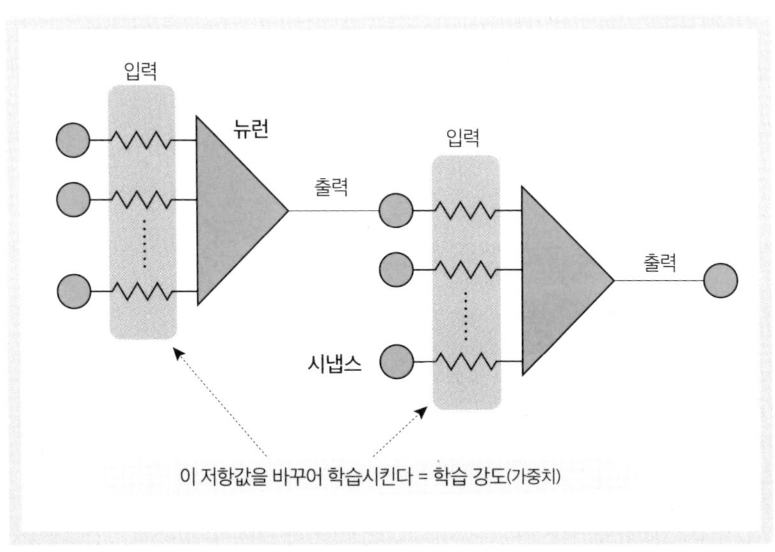

자료 7-1 신경세포 하나의 모델은 다입력·1출력의 로직

이어져 있는 뉴런에 보내져 계속해서 곱셈 누적 연산이 이루어지는 셈이다. 이런 뉴런 네트워크 모델에서는 뉴런이 죽 늘어서서 곱셈 누적 연산을 거의 동시에 병렬로 처리한다.

AI 모델은 신경망을 구성하고 있으며 최종적으로 결과를 출력한다. 예를 들어 고양이 그림을 입력했는데 최종 결과가 고양이라고 판단되지 않을 때는, 신경망 중간에 가중치를 바꾸어 결과가 고양이가 되도록 조정한다. 이때 가중치 조정이 바로 '학습'이다. 고양이라는 정답을 알고 있는 경우(지도 학습)에는 가변 저항을 바꾸어 학습하는 것이다.

GPU 성능 극대화에 몰두

이렇게 엔비디아는 게임기용 GPU를 그래픽 처리는 물론이고 컴퓨터의 고속화, 심지어는 신경망을 이용한 AI 연산에 활용할 수 있다는 사실에 주목했다. 이 점이 바로 엔비디아의 뛰어난 발상이다.

엔비디아와 비교되는 일 자체가 가혹하겠지만, 엔비디아에는 GPU의 성능에 철저하게 매달리는 뚝심이 있었다는 것이 타사와의 차이점이라 하겠다. 반면에 다음 장에서 언급할 캐나다의 ATI테크놀로지스는 AMD에 인수되는 바람에 GPU 성능에 끝까지 몰두하지 못했다. 또한 일본의 후지쯔는 GPU를 반도체 중 하나일 뿐이라고만 생각했다. 다른 반도체 기업들도 GPU에 대해서는 검토조차 하지 않았다.

제 8 장

창업 이후 엔비디아가 AI에 도달하기까지의 여정

3인의 엔비디아 창업자

엔비디아는 1993년 4월 5일, 세 명의 창업자에 의해 설립되었다. 그중 한 명은 지금도 CEO로 활동하고 있는 대만계 미국인 젠슨 황이다. 그는 AMD에서 마이크로프로세서 설계를 담당했고 이후 LSI로직에서 코어웨어 제품 디렉터로 일했다. 두 번째는 선마이크로시스템스의 엔지니어였던 크리스 말라초스키, 다른 한 명은 IBM과 선마이크로시스템스에서 그래픽 칩 설계자로 일했던 커티스 프리엠이다.

이들은 실리콘밸리에 있는 레스토랑 데니스에 모여 PC에서 사실적인 3차원 그래픽을 그리는 칩에 관한 아이디어 회의를 했다. 사실적인 3D 그래픽을 그리려면 PC가 아니라 좀 더 고도의 컴퓨터가 필요했다. 말라초스키는 현재도 엔비디아의 특별 연구원으로 경영진에 남아 있으며, 프리엠은 2003년까지 10년간 최고기술책임자(CTO)를 맡은 뒤 은퇴

했다.

당시 그래픽 칩을 설계하던 경쟁사로는 1985년 설립된 캐나다의 팹리스 기업 ATI테크놀로지스가 있었다. 이즈음 닌텐도 등은 게임용으로 기껏해야 2차원 그림을 그리는 수준이었는데, ATI테크놀로지스는 3차원 그림을 그리는 것을 목표로 그래픽 IC 제품을 개발 중이었다. 2006년에 AMD가 ATI테크놀로지스를 54억 달러에 인수한 뒤 2010년에는 ATI테크놀로지스라는 이름도 사라져 버렸지만, 제품 브랜드명은 라데온(Radeon) 시리즈로 현재도 남아 있다. AMD가 엔비디아에 크게 뒤처지지 않고 GPU를 발전시킬 수 있었던 것은 옛 ATI테크놀로지스의 기술을 보유했기 때문일 것이다.

데니스의 CEO와 젠슨 황

젠슨 황을 비롯한 3인은 선명한 3D 그래픽을 그리자는 아이디어를 바탕으로 엔비디아를 설립했다. 그들은 항상 데니스에 모여서 토론했다. 15세 때 오리건주의 데니스에서 아르바이트로 일했던 황 CEO에게 데니스는 친숙한 장소였다. 그는 "데니스는 많은 것을 가르쳐 주었다"라고 언급하며 남다른 애정을 드러낸 바 있다.

데니스의 켈리 발라드 CEO([자료 8-1] 왼쪽)는 젠슨 황의 성공이 시작된 실리콘밸리의 데니스에 큰 자부심을 느끼며 제2, 제3의 엔비디아가 또다시 이곳에서 탄생하기를 바라고 있다. 그런 의미에서 2023년 9월,

데니스는 1조 달러 기업을 꿈꾸는 창업자들을 대상으로 인큐베이터 경진대회 참가자를 모집한다고 발표했다. 우승 상금은 2만 5천 달러이다. 혁신가에 대한 이 같은 자금 제공은 참으로 실리콘밸리답다. 실리콘밸리에는 창업자를 대상으로 자금을 제공하는 '엔젤'이라 불리는 투자자가 여럿 있다. 그리고 이 창업자들이 성공해 엔젤이 되는 사례도 많다. 혁신에 대한 실리콘밸리의 지원 시스템이 그밖의 국가에도 있었으면 좋겠다고 바라는 건 비단 필자 혼자만이 아닐 것이다.

자료 8-1 켈리 발라드 CEO와 젠슨 황

힌트가 된 일본의 커다란 파도

엔비디아의 창업자 3인은 왜 그래픽 칩을 개발하려고 했을까?

공동 창업자인 크리스 말라초스키는 비즈니스 매거진 〈포브스〉(미국 전자판/2016년 11월 30일 자)지와의 인터뷰에서 "다음에 찾아올 '커다란 파도'가 일본에서 일어나고 있다고 느꼈기 때문이다"라고 답했다. 그는 "서핑 같은 파도는 2~3일 지나면 캘리포니아에도 도착한다"라며 농담 섞인 말을 했다.

일본에서 일어나고 있는 '커다란 파도'란 게임기를 말하는 것이었다.

1990년대 초반, 일본에서는 소니의 플레이스테이션, 세가의 세가새턴, 닌텐도의 닌텐도64 등 가정용 게임기 시장에서 하드웨어 성능 경쟁이 치열했다. 엔비디아의 창업자 3인은 머지않아 가정용 게임기에 3D 그래픽 기능이 탑재될 것이라고 확신했다.

당시 일본 게임에 나오는 인물이나 배경은 너무 단순한 일러스트뿐이었다. 이들 3인은 더 고속으로 움직이고 더 사실적인 영상을 비디오 게임에 도입하고 싶었다. 머지않아 가정용 PC에서 사용할 3D 그래픽 카드의 등장을 학수고대하고 있을 거라 믿었다. 당연한 말이지만 1993년에는 그런 그래픽 칩도 카드도 존재하지 않았다.

반도체 칩은 대량으로 팔릴수록 단가가 내려간다. 당시 게임의 인기가 대단했기 때문에 '게임기용 그래픽 칩을 만들면 대량으로 팔릴 것'이라는 계산도 있었다.

TSMC CEO에게 보낸 편지

그들은 다음에 찾아올 '커다란 파도'를 미리 내다봤는데, '미래를 바라본다'라는 사고방식은 회사명에도 나타난다. 엔비디아의 영문인 NVIDIA는 라틴어 'invidia'에서 따왔으며, 영어의 'envy'에 해당하는 뜻이라고 한다(Y's Consulting 칼럼 제203회 엔비디아 창업자 젠슨 황 CEO/대만). envy의 발음이 'NV'와 같아서 NV로 시작하는 이름을 생각했고, 미래를 향한 동경이라는 의미에서 NVIDIA라는 이름을 지었다고 한다.

그들은 테니스에서 나누었던 아이디어 회의를 바탕으로 1993년, 자본금 4만 달러로 엔비디아를 창업하기에 이른다. 당시 미국에는 이미 자일링스와 알테라, 퀄컴 등의 팹리스 반도체 기업이 있었다. 자본금이 4만 달러밖에 없었던 엔비디아는 공장을 짓지 않고 팹리스로 살아가는 길을 택했다.

팹리스는 파운드리가 없으면 제조를 할 수 없다. 1987년 창업한 TSMC는 1995년경에는 매출액이 287.7억 대만 달러(약 1조 원)의 파운드리로 성장했는데 3,400명 이상의 직원을 거느린 최대 규모의 파운드리였다.

1995년, 엔비디아의 황 CEO는 칩 생산을 위탁하기 위해 TSMC의 모리스 창 CEO에게 편지를 썼다. 창업한 지 얼마 되지 않아 아직 제품도 없었기 때문에 충분히 어필하지 못했던 황 CEO는 답장조차 받지 못할까봐 걱정했다. 그런데 TSMC의 모리스 창이 편지를 받자마자 엔비디아에 전화를 걸어왔기에 젠슨 황은 너무 놀랍고 반가웠다고 한다. 이날 이후로 엔비디아와 TSMC의 오랜 파트너십이 시작되었다.

그리고 1997년, 드디어 최초로 본격적인 제품 GPU 'RIVA128'을 세상에 내놓게 된다. 엔비디아의 GPU는 PC 마더보드에 삽입하는 도터보드로서의 게임용 카드에 탑재된다. '타이탄 X'나 '지포스 GTX1080' 등의 제품명으로 그래픽 카드로 시장에 출시되었다. 이 제품이 경쟁사보다 약 4배 뛰어난 그래픽 성능을 갖고 있어 엔비디아는 이를 바탕으로

STB Systems, 다이아몬드, 크리에이티브와 거래를 성사시켰고 1998년 1월기에 처음으로 단일 회계연도 흑자를 달성했다고 한다.

이후 엔비디아는 게임기용 GPU의 성능을 한층 더 끌어올리며 게임기용 GPU로서 입지를 확고히 했다. 그렇다고 그 이후로 순탄치만은 않았다. 게임기용에서는 순조롭게 성장했지만, 태블릿과 자동차 계기판용 제품 확대가 이렇다 할 반응을 얻지 못했다.

자동차 대시보드에 도전

2011년 초반 엔비디아는 자동차 디스플레이에 SoC를 응용하려고 했다. 자동차 대시보드의 그래픽화를 시도한 것이다. 요즘의 자동차 대시보드에는 커다란 전면 액정 화면에 내비게이션 등 여러 정보가 표시되어 있는데, 당시는 기술적으로 부족해 그런 수준의 응용은 시기상조였다. 그런데도 엔비디아는 대시보드에 탑재된 속도계와 엔진 회전 속도계를 아날로그식이 아니라 액정으로 구현하고자 했다. 심지어 디지털 숫자가 아닌 아날로그 바늘(그래픽)로 표시하는 것을 목표로 했다.

대시보드 계기판의 바늘을 액정으로 표시하면 사선이 들쭉날쭉하게 보이는 경우가 많아서 이것을 선명하게 보여줄 이미지 처리가 필요했다. 그리고 속도계의 바늘은 가속 페달을 밟고 나서 바로 작용하지 않으면 운전자들이 답답해한다. 응답 시간이 느리면 쓸 수 없으니 액정의 응답 속도도 문제였다. 결국 GPU 성능이 아무리 뛰어나도 액정이 충분한 응답 속도를 갖추지 않으면 대시보드의 그래픽화는 실현하기 어려운 일이었다.

여기에 더해 GPU가 만들어 내는 렌더링 능력도 충분하지 않았다. 완성도가 너무 낮은 화면에는 운전자들이 만족하지 않기 때문에 사실적인 그래픽이 아니면 채택되기 어렵다.

엔비디아는 자동차 대시보드 응용을 어필하여 GPU뿐만 아니라 사선이 들쑥날쑥하게 보이는 부분을 매끄럽게 변환할 수 있는 이미지 처리 프로세서(ISP), 그리고 CPU를 하나의 칩에 탑재한 SoC인 '테그라2'를 출시했다. 그리고 이 제품을 자동차 대시보드용으로 제안했다.

제품의 성능이나 소비전력도 충분히 뛰어나 엔비디아는 자신 있게 출하했다고 한다. 하지만 자동차는 위험한 환경에 노출되기 때문에 신뢰성이 가장 중요하다.

엄격한 신뢰성 시험과 자동차 업체의 인증을 취득하는 데 시간이 걸려 양산하기까지 몇 년이 걸렸다.

테그라2

1장에서도 살짝 언급했던 테그라2에 대해 간단히 소개하겠다. 테그라2에는 총 8개의 코어가 집적되어 있다([자료 8-2]).

①② 브라우징을 원활하고 신속하게 실행하기 위한 ARM 코어텍스-A9 듀얼 CPU 코어, ③ 그래픽 프로세서(GPU)인 지포스 코어, ④ HD

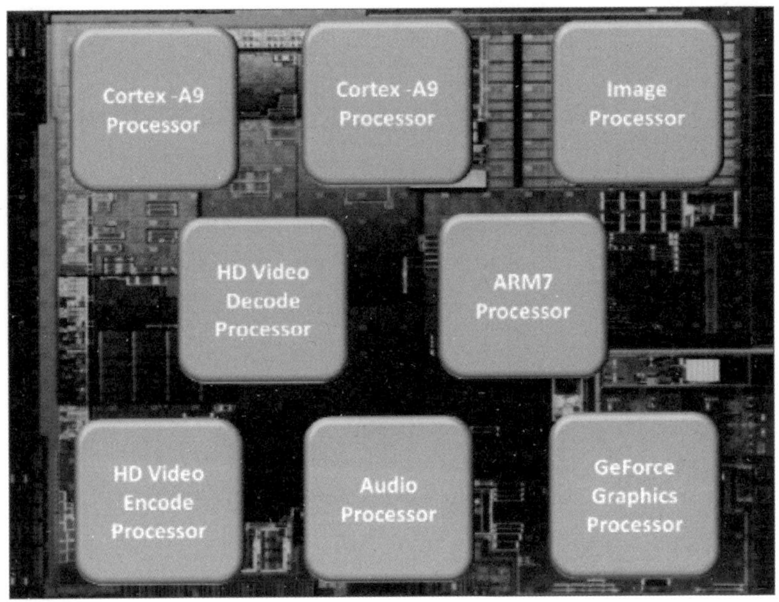

자료 8-2 테그라2에 집적된 각종 프로세서 코어

비디오의 디코더 코어, ⑤ HD 비디오의 인코더 코어, ⑥ 이미지 프로세서(ISP) 코어, ⑦ 오디오 처리 프로세서, ⑧ 칩 전체 전원을 제어해 소비전력을 줄이거나 IC 전체를 제어하기 위한 ARM 7 코어가 있다.

테그라2의 경우 GPU인 지포스 코어가 내비게이션의 지도나 대시보드 주변의 그래픽 영상을 담당하고, 비디오나 TV 영상을 볼 때는 비디오 코덱이 처리를 담당한다. 후방 모니터나 사각지대 모니터 등 이미지 센서가 보낸 영상을 처리하는 것이 ISP 코어다. 카 스테레오로 들을 음악의 플레이리스트를 열어 재생할 때는 오디오 프로세서가 위력을 발휘한다. 웹 정보 보기 및 전환하기는 물론 전체를 제어하는 것은 CPU인 코어텍스-A9이다.

테그라2는 이 같은 단말기 기능뿐만 아니라 카 인포테인먼트 기능도 갖추고 있어 운전자를 지원하는 역할도 컸다. 차선 이탈 경고, 자동차 인식 또는 사물 인식, 야간에 사람을 인식하는 나이트 비전을 처리하는 데도 테그라2를 활용할 수 있었다.

2012년 미국 라스베이거스에서 열린 CES(Consumer Electronics Show, 세계 최대 규모 정보기기 박람회)에서 엔비디아는 대시보드에 응용하도록 어필하는 실연을 선보였다([자료 8-3]). 자동차 업체는 아무리 뛰어난 제품이 있어도 즉시 채택하지는 않는다. 자동차가 생명과 직결되는 도구인 만

자료 8-3 자동차를 이용한 엔비디아의 시연

큼 품질과 신뢰성이 중요하기 때문이다. 그 때문인지 아쉽게도 이때는 테그라2가 채택되지는 못했던 것 같다.

그림이 살아 움직이는 Xoom

엔비디아는 태블릿에 사용하는 모바일 프로세서에도 도전했다. 2011년에 개최된 MWC(Mobile World Congress, 세계 최대 규모의 모바일 관련 전시회)에서는 모토로라의 태블릿 단말기 줌(Xoom)([자료 8-4])이 "움직임이 자연스럽고 영상이 선명하다"라며 호평을 받았다. 여기에 엔비디아의 테그라2가 채택된 것이다.

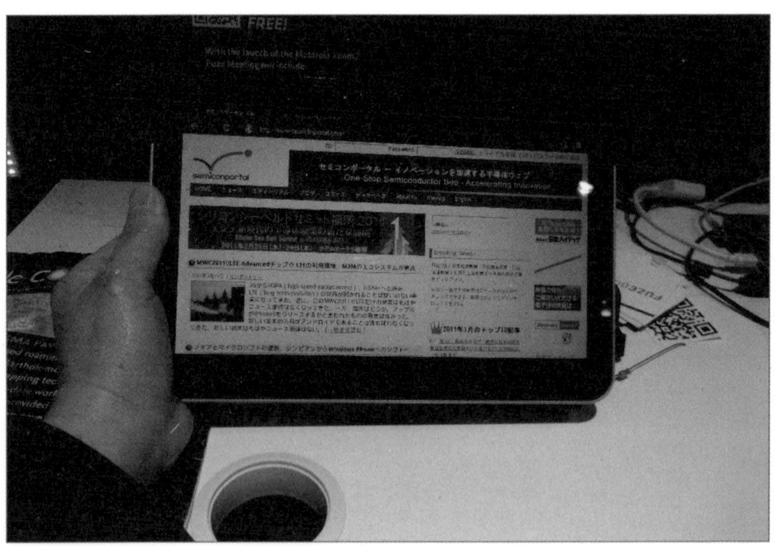

자료 8-4 모토로라가 전시한 줌(Xoom)

모토로라는 2011년 1월에 열린 CES에서 한 달 뒤인 2월에 줌(Xoom)을 출시하겠다고 발표했으나, 사용자가 실제로 제품을 손에 들고 체험한 건 2011년 2월의 MWC가 처음이었다. 당시 MWC 행사장에서 반도체 관련 업계 사람들을 취재할 때마다 항상 "줌(Xoom)은 정말 대단하다"라는 대화로 시작했던 기억이 아직도 선명하다. 많은 해외 언론사가 MWC에서 나온 줌(Xoom)에 대한 평가와 그 뒤에 발표된 아이패드2를 비교 검토하는 기사를 실었다.

지금으로부터 13년 전에 만들어 진 태블릿 단말기였지만, 브라우저 기반 작업을 수행하기 편하게 만든 제품이라고 당시에 느꼈다. 시연에서는 화상 회의가 원활하게 이루어진다는 점이 강조되었다. 현재는 통신 환경이나 컴퓨터 능력이 향상되어 줌(Zoom)이나 웹엑스(Webex)처럼 화면 공유가 가능하고, 파워포인트 등의 자료를 크게 보여주고 싶을 때는 상대의 화면을 작게 줄이고 자료 창을 크게 해서 자료를 보면서 여러 사람과 화상 회의를 할 수 있다. 당시 모토로라 담당자에 따르면 화상 회의 인원수가 무제한이라고 했는데, 지금의 줌(Zoom) 기능을 예전 태블릿 줌(Xoom)은 하드웨어에서 충분히 구현할 능력을 갖추고 있었다.

줌(Xoom)의 화면은 손가락 동작을 인식할 수 있는 터치스크린이다. 사용자 환경(UI)은 매우 익숙한 방식으로, 볼륨 손잡이처럼 오른쪽으로 돌리면 화면이 커지고 왼쪽으로 돌리면 작아지는 'Pinch-to-zoom'이라는 기능이 탑재되었다. 화면에 표시되는 그래픽 동작도 빨랐고 손가

락으로 조작해도 반응 속도가 빨랐다. 이처럼 줌(Xoom)은 앞서가는 제품이었음에도 판매 성적이 부진했고 아이패드2의 등장으로 대체되어 버렸다.

저소비전력을 실현하는 테그라2

그즈음 엔비디아의 GPU는 '성능은 뛰어나지만 소비전력이 10와트(W)를 훌쩍 넘는다'라는 평가를 받았다. 이런 우려를 불식시킨 것이 선구적인 모바일 프로세서라 할 수 있는 테그라2였다.

테그라2에는 1080p(해상도 1920×1080픽셀)의 HD 비디오를 압축하고 해제하는 인코더와 디코더가 탑재되어 있다. CPU에서 이 기능을 수행하게 하면 CPU에 부하가 너무 걸려 다른 작업을 하지 못할 정도로 느려지는 것을 막기 위함이다. 압축하고 해제하는 작업은 CPU를 사용하지 않고 전용 인코더와 디코더 회로에 맡긴다. 인코더는 30fps(초당 30프레임)로 움직이는 1080p의 HD 콘텐츠를 압축하고, 디코더는 H.264를 비롯한 세 개의 포맷을 재생한다. 이를 통해 1080p의 비디오를 400밀리와트(mW) 이하의 소비전력으로 재생할 수 있었다.

비디오 재생이나 녹화를 하지 않을 때는 인코더와 디코더를 꺼서 칩 전체의 소비전력을 낮춘다. 이미지 처리 프로세서인 ISP는 빛의 음영 밸런스 맞추기와 엣지 강조, 노이즈 감소 등을 수행하며, 알고리즘에 의해 실시간으로 사진을 확대하기도 한다. 사진을 보지 않을 때는 역시 프로세서를 끈다.

이렇게 해서 반도체 칩 시스템 전체의 소비전력을 낮추었다. 이 기능을 담당하는 것이 ARM 7 프로세서이며, 이 CPU가 다른 각 프로세서의 전력을 관리하거나 시스템 전체를 제어한다.

태블릿처럼 배터리로 작동되는 휴대기기에도 사용할 수 있도록 동작 회로를 최소화하는 파워 게이팅, 주파수를 떨어뜨리는 클록 게이팅 등의 방법을 충분히 활용해 소비전력을 최대한 낮추었다. 오디오만 이용 시엔 수십 밀리와트밖에 쓰이지 않는다. 테그라2는 모든 회로를 다 써도 3와트 이하의 전력밖에 소모되지 않았다.

소비전력 최대한 낮추기

이처럼 엔비디아는 소비전력을 낮추려 노력했다. 엔비디아가 강점을 보이는 2D/3D GPU 코어인 지포스는 사용자 환경과 이미지, 폰트 등의 그래픽 요소를 저소비전력으로 렌더링한다. 1024×600화소 게임인 〈퀘이크 3〉를 60fps(1초에 60프레임) 이상으로 렌더링하는데, 소비전력은 불과 수백 밀리와트밖에 소모되지 않는다고 한다. 게임 전용 언리얼 엔진(Unreal Engine)도 집적되어 있다. 지포스는 풀스크린 플래시 애니메이션을 150밀리와트 저전력으로 렌더링할 수 있다. 역시 비디오나 사진 같은 그래픽을 사용할 때 외에는 꺼둔다.

범용 프로세서인 ARM 코어텍스-A9의 듀얼 CPU 코어는 대칭형 멀티

프로세서(SMP)로, 병렬 동작을 통해 웹페이지를 고속으로 읽어 들여 사용자 환경의 응답을 빠르게 한다. 복잡한 웹페이지에서도 고속으로 렌더링하는 작업을 수행한다.

ARM 코어텍스-A9은 전압과 주파수를 바꿔가며 소비전력을 낮추는 파워 게이팅과 클록 게이팅 방식을 취하고 있다. 글로벌 전원 관리시스템이 CPU에 가해지는 부하를 확인하고 전압과 주파수를 조절하여 성능과 소비전력의 최적화를 이뤄냈다. 인터넷을 보지 않을 때, 예컨대 웹페이지에서 콘텐츠를 다운로드해서 읽어 들일 때는 이 CPU의 전원을 끈다.

AI의 등장 이후 두 가지 부문으로 변경한 주력 사업

이후 테그라 프로세서는 2016년 닌텐도 게임기 스위치에 채택되었고, 급격하지는 않지만 꾸준하게 매출을 늘려왔다. 엔비디아는 테그라 브랜드의 SoC와 GPU 그래픽 칩, 이 두 제품을 매출의 주축으로 삼아왔는데 GPU의 매출이 압도적으로 많았다([자료 8-5]).

엔비디아의 연간 보고서를 보면 테그라는 2017년도까지 영업손익 적자가 계속되었다. 2016년도에는 약 2.5억 달러나 되는 적자를 기록했다. 그러다가 2017년도에 적자액이 900만 달러로 크게 개선되었고, 2018년도 이후에 흑자로 돌아섰다.

엔비디아는 2021년도부터 그래픽 부문과 컴퓨터 네트워킹 부문 두

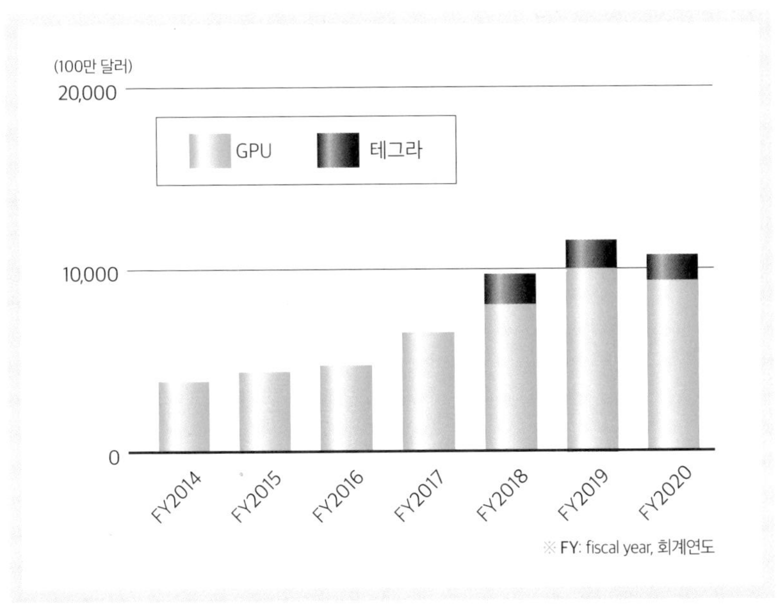

자료 8-5 2014~2020년 엔비디아 제품별 매출

가지를 주력 사업으로 삼는 전략으로 변경했다.

그래픽 부문으로 분류된 것은 게임기 및 PC용 지포스 GPU, 게임 스트리밍 서비스 및 관련 인프라용 지포스 NOW, 기업용 워크스테이션 그래픽용 쿼드로/엔비디아 RTX GPU, 클라우드 기반 비주얼 및 가상 컴퓨팅용 소프트웨어 vGPU, 인포테인먼트 시스템용 자동차 플랫폼 등이다.

컴퓨터 네트워킹 부문으로 분류된 것은 데이터센터 플랫폼, AI와 HPC의 가속 컴퓨팅, 인수한 멜라녹스의 네트워킹과 인터커넥트 솔루션, 자동차의 AI 콕핏, 자율주행 개발, 자율주행 차량 솔루션, 그리고 로봇과 임베디드 시스템용 '젯슨' 등이다.

데이터센터, 게임 시장, 자동차 부문 등

기존 방식대로 시장별 분류도 하고 있다. 데이터센터, 게이밍, 전문가용 그래픽, 자동차 부문으로 나뉜다. [자료 8-6]에서 보듯이 매출액은 모든 분야에서 꾸준히 늘고 있다. 이를 그래프로 나타낸 것이 [자료 8-7]이다. 특히 데이터센터의 수요가 급증하고 있는 것을 알 수 있다. 자동차나 시각화 시장의 매출액은 아직 많지 않기 때문에 [자료 8-8]에서

(단위: 억 달러)

부문별	FY2014	FY2015	FY2016	FY2017	FY2018	FY2019
데이터센터	2.0	3.2	3.4	8.3	19.3	29.3
게이밍	15.1	20.6	28.2	40.6	55.1	62.5
전문가용 그래픽	7.9	8.0	7.5	8.4	9.3	11.3
자동차	1.0	1.8	3.2	4.9	7.8	6.4
	FY2020	FY2021	FY2022	FY2023	FY2024	연평균 성장률
데이터센터	29.8	67	106	150	475	75%
게이밍	55.0	77.6	124.6	90.7	104.5	11%
전문가용 그래픽	12.0	10.5	21.1	15.4	15.5	7%
자동차	7.0	5.4	5.7	9.0	10.9	11%

※ FY: fiscal year, 회계연도

자료 8-6 2014~2024년 엔비디아 부문별 매출액 추이

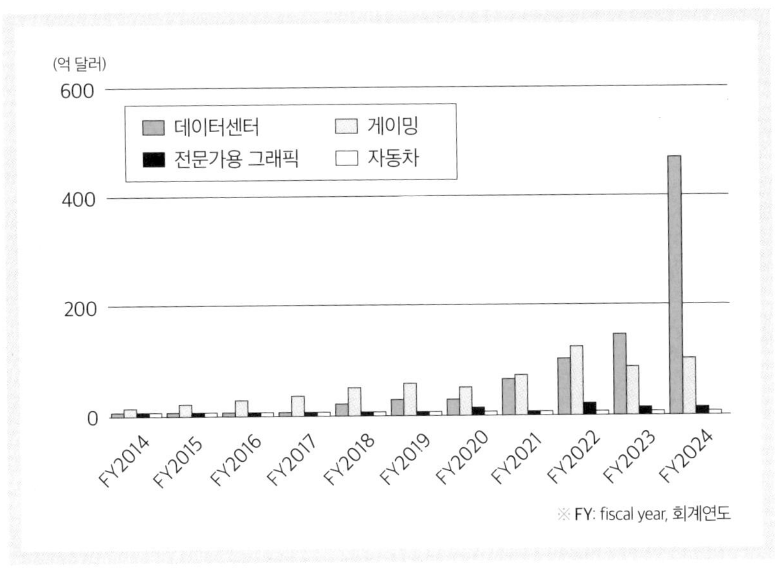

자료 8-7 [자료 8-6]을 그래프화한 것

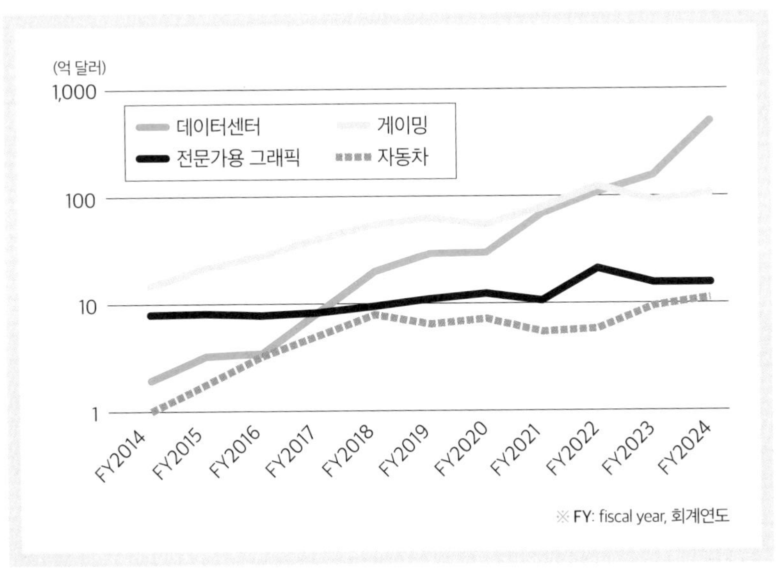

자료 8-8 [자료 8-7]의 수치를 로그 그래프화한 것

로그 그래프로 표시했다. 이 그래프에서는 전체 분야가 늘고 있다는 점이 확연히 드러난다.

자동차 시장은 개발부터 상용화까지 5~7년이 걸린다고 하니, 자동차 제조사와 계약해도 매출로 계상되는 건 5~7년 후가 된다. 자동차 분야의 추진 상황에 대해 반도체 기업이 함부로 공개하는 일은 없지만, 상당수의 자동차 업체와 협상에 들어간 것 같다.

자동차 분야에서는 운전자 앞을 지나가는 물체가 무엇인지, 예를 들면 자동차, 트럭, 사람, 자전거 등을 인식하는 데 AI 기술을 활용할 수 있다. 또 GPU 표시 능력이 발달하면서 단순한 수치 표시에 그치지 않고 자동차의 상태 등 다양한 정보 표시가 가능해져 AI 콕핏으로 발전해간다.

현시점에서 자동차 분야의 매출액은 아직 많지 않지만, 앞으로는 크게 증가하리라 예상된다.

소프트웨어 쿠다의 생태계 구축

GPU에는 병렬 연산기가 대량으로 집적되어 있는데, 이것을 프로그래밍하기는 쉽지 않은 일이다. 이 때문에 엔비디아는 2006년에 쿠다(CUDA)라는 GPU 프로그램 개발 환경을 개발했다. C언어 같은 표준 프로그램 언어를 사용해서 GPU에 집적된 다수의 연산기를 이용한 병렬 처리 프로그래밍을 실행하는 것이다.

그래픽을 전문으로 하는 캐나다의 ATI테크놀로지스(현 AMD)도 엔비디아와 마찬가지로 그래픽용 프로그램이 가능한 셰이더(shader)를 개발했는데, 엔비디아는 그래픽 외에도 이용할 수 있도록 쿠다를 개발했다.

GPU 프로그래밍 소프트웨어로는 '다이렉트X' 등도 있었지만 이건 컴퓨터 그래픽 전용이었다. 엔비디아는 범용 언어를 지원해 그래픽 외에도 이용 가능하도록 쿠다를 개발한 것이다.

GPU를 프로그램하기 위해서는 GPU의 내부 구조를 어느 정도 알아둘 필요도 있다고 한다. GPU가 간단한 MAC 연산기를 늘어놓은 병렬처리 구조로 되어 있다는 사실을 이해하면 프로그래밍하기 쉽다. GPU 하드웨어 구조는 기억해둬야 하지만, 그 대신 쿠다는 C/C++ 나 파이썬 등 일반적인 언어를 사용할 수 있다는 장점이 있다. 쿠다는 C/C++ 언어를 조금 확장한 기술법으로 프로그래밍하는 형태라고 한다. 프로그래밍한 소스 코드를 NVCC라는 쿠다 전용 컴파일러(변환 프로그램)로 컴파일하면, GPU 쪽에서는 바이너리로 출력된다는 얘기다.

엔비디아의 GPU가 AI 분야에서 독점적인 지위를 차지하게 된 것도 쿠다가 있었기 때문이다. AI의 신경망 모델에는 GPU에서 사용되는 다수의 간단한 MAC 연산 회로가 가득하다. 병렬 처리 프로그래밍이라는 공통점이 있으므로 엔비디아의 GPU를 쿠다로 프로그래밍함으로써 AI(머신러닝)를 움직이게 할 수 있다.

전기 및 유체역학에 도움이 되는 수치 계산

여러 번 말하지만 GPU에는 다수의 MAC 연산기가 집적되어 있다. 곱셈 누적, 즉 'A1×B1+A2×B2+A3×B3+……+An×Bn' 이렇게 연산을 병렬로 여러 번 한다는 의미다. 이 말은 바로 수학의 급수 전개와 같은 곱셈 누적을 한다는 뜻이다. 자연계의 구조를 복잡한 수식으로 나타내고 그것을 해석적으로 풀 수 없을 때는, 보통 수치 계산법을 써서 근삿값으로 계산하는 방식을 택한다.

유체역학에서 열의 흐름이나 공기 흐름을 시뮬레이션할 때 사용하는 미분 방정식은 해석적으로 쉽게 풀리지 않을 때가 많다. 특히 2차원, 3차원 흐름을 시뮬레이션해서 풀 때는 방정식이 너무 복잡해지므로 곱셈 누적 수치 계산을 통해 근삿값으로 방정식을 풀게 된다.

유체역학뿐만 아니라 맥스웰의 전자기 방정식 등도 2차원, 3차원에 걸쳐 있어 해석적으로 풀기는 어려우므로 급수 전개, 즉 곱셈 누적으로 근삿값을 계산한다.

GPU는 대량의 MAC 연산기를 가지고 있어 이 기능의 활용 분야가 넓어지고 있다. GPU가 슈퍼컴퓨터나 데이터센터 등에서 쓰이게 된 것은 GPU를 계산 전용 가속기로 활용해 CPU의 부하를 막고 계산 속도를 높이기 위해서다.

날씨 예보에는 슈퍼컴퓨터가 쓰이는데 전국의 기압 분포를 지도상에 거듭해서 그려 시간적인 변화도 추가해나가면 계산량이 엄청나게 많아진다. CPU만으로는 부담이 크기 때문에 이때 GPU를 가속기로 활용할 수 있다.

슈퍼컴퓨터 TOP 500 상위 10개사 중 6곳이 채택

2024년 6월에 발표된 전 세계 슈퍼컴퓨터 성능 랭킹 상위 500 가운데 상위 10개사를 추린 내용이 뒤에 나오는 [자료 8-9]에 나와 있다. 이 자료를 보면 엔비디아의 GPU가 6개사 슈퍼컴퓨터에 도입되었다는 사실을 알 수 있다. 가장 오래된 볼타 GV100부터 A100, H100, 그리고 2023년에 발표된 최신 GH200까지 다양한 타입의 엔비디아 GPU가 쓰이고 있다.

1위인 미국 오크리지 국립연구소의 프론티어는 AMD의 CPU와 GPU를 기반으로 하며, 2위 미국 아르곤 국립연구소의 오로라에는 인텔의 제온 CPU와 폰테 베키오 GPU가 쓰였다. 엔비디아의 GPU는 3위인 마이크로소프트 애저의 이글에 사용되었다.

위력을 발휘하는 슈퍼컴퓨터로의 응용

슈퍼컴퓨터에 이만큼 많은 GPU가 쓰인다는 것은 GPU의 계산 능력이 얼마나 높은지를 나타낸다. GPU를 연산 전용기로 수치 연산에 사용하면 성능이 올라가고 CPU의 계산 작업 부하도 줄어든다.

GPU를 확장하면 슈퍼컴퓨터 시스템 성능이 크게 향상된다는 사실

순위	시스템	소속	국가	성능	CPU	GPU
1	프론티어	오크리지 국립연구소	미국	1.206 EFLOPS	AMD EPYC	AMD M1250X
2	오로라	아르곤 국립연구소	미국	1.012 EFLOPS	인텔 제온	인텔 폰테 베키오
3	이글	마이크로소프트 애저	미국	561.2 PFLOPS	인텔 제온	엔비디아 H100
4	후가쿠	이화학연구소	일본	442.01 PFLOPS	ARM 64	없음
5	루미	유로 HPC/CSC	핀란드	379.7 PFLOPS	AMD EPYC	AMD M1250X
6	알프스	스위스 CSCS	스위스	270 PFLOPS	엔비디아 그레이스	엔비디아 GH200
7	레오나르도	유로 HPC/ CINECA	이탈리아	241.2 PFLOPS	인텔 제온	엔비디아 A100
8	마레노스트럼 5ACC	유로 HPC/BSC	스페인	175.3 PFLOPS	인텔 제온	엔비디아 H100
9	서밋	오크리지 국립연구소	미국	148.6 PFLOPS	IBM 파워 9	엔비디아 볼타 GV100
10	EOS 엔비디아 DGX 슈퍼 POD	엔비디아	미국	121.4 PFLOPS	인텔 제온	엔비디아 H100

자료 8-9 전 세계 슈퍼컴퓨터 상위 10개 기업과 CPU·GPU 사용 현황

도 알려져 있다. [자료 8-9]에서 2위인 오로라는 전년 대비 약 2배인 1.012엑사플롭스(EFLOPS)로 속도를 높였다. 오로라는 앞에서 말했듯이 인텔의 GPU를 기반으로 했는데, 여기에서 인텔이 자체 개발한 새 GPU의 위력을 알 수 있다.

상위 10위 슈퍼컴퓨터 중에서는 일본의 후가쿠가 유일하게 GPU를 사용하지 않는다. 미국과 유럽의 슈퍼컴퓨터는 GPU를 가속기로 사용하는 데 비해, 후가쿠는 CPU로 모든 처리를 수행한다. 2020년부터 2021년까지 세계 1위였던 후가쿠는 정상에서 내려와 2024년 6월 발표된 순위에서 4위를 기록했다.

과거에 항상 상위권에 머물렀던 중국의 슈퍼컴퓨터는 이제 10위권에서도 볼 수 없다. 이는 고성능 반도체가 슈퍼컴퓨터의 성능을 결정하기 때문이다.

슈퍼컴퓨터의 경우 6개월이나 1년 만에 내부 반도체를 교체하지는 못하니 고성능 반도체의 위력이 바로 드러나긴 어렵지만, 새로운 고성능 슈퍼컴퓨터일수록 최신 반도체를 사용하는 추세다. 6위인 스위스의 신형 슈퍼컴퓨터 알프스는 반년 전만 해도 10위권 밖에 있었는데, 엔비디아의 최신 GPU인 GH200을 사용하면서 갑자기 6위로 뛰어올랐다. 새로운 고성능 반도체 칩을 사용하면 전례 없는 성능을 갖추게 된다는 사실을 알 수 있다.

제 9 장

확장되는 기술, 각국 기업과 폭넓은 연계

꾸준히 증가하는 엔비디아의 파트너들

현재 엔비디아의 솔루션 비즈니스는 여섯 개의 영역으로 이루어져 있다. ① AI, ② 데이터센터 및 클라우드 컴퓨팅, ③ 디자인 및 시뮬레이션, ④ 로보틱스 및 엣지 컴퓨팅, ⑤ 하이 퍼포먼스 컴퓨팅, ⑥ 자율주행 차량이다.

AI나 컴퓨터는 다양한 업계에서 활용된다. 제조, 금융, 사회 인프라 사업, 운송·교통, 통신, 의료·헬스케어, 교육, 환경, 경제, 기상 정보 등 거의 모든 산업에서 필요로 한다. 이렇다 보니 엔비디아의 블로그 홈페이지를 열어 보면 파트너십을 체결했다는 뉴스가 줄을 잇는다.

예를 들면 제조 위탁 서비스 기업인 대만의 폭스콘, 기업용 ERP 소프트웨어 기업인 독일의 SAP, 유럽의 디지털 은행 번크(Bunq) 등의 이름이 나열되어 있어 다양한 산업과 파트너십을 체결하고 있다는 사실을 엿

볼 수 있다. 엔비디아 파트너 네트워크 웹사이트(NVIDIA Partner Network)를 보면 2025년 2월 기준으로 1,132개나 되는 파트너사가 있다. 이 가운데에서 엔비디아가 주력하기 시작한 자동차 산업에 대해 살펴보겠다.

엔비디아 드라이브(NVIDIA DRIVE) 플랫폼상에서는 다양한 업계의 기업들이 개발을 진행하고 있다. 자동차 제조사, 트럭 제조사, 모빌리티 서비스, 1차 공급업체, 시뮬레이션, 센서, 소프트웨어, HD 맵핑 등 여러 업계의 기업이 엔비디아와 협업 관계를 맺고 있다.

자동차 제조사로는 중국의 비야디(BYD)를 비롯해 볼보, 메르세데스 벤츠, 폴스타 등이 있다. 시뮬레이션 기업으로는 앤시스, 매스웍스, 디스페이스가 있다. 1차 공급업체 기업으로는 보쉬, 콘티넨탈, 하만, 소프트웨어 기업으로는 레드햇, 블랙베리QNX, 후지소프트가 있다. 센서 기업으로는 소니, 온세미, 옴니비전 등이 있다.

독일 SAP와의 협업

협업의 구체적인 사례를 살펴보자. 가장 최근의 협업 사례로, 2024년 6월 4일부터 타이베이에서 열린 '컴퓨텍스 타이베이 2024'에서 발표된 소식을 소개하고자 한다.

이때 다수의 협업 사실이 발표되었는데, 첫 번째는 독일의 ERP 소프트웨어 벤더인 SAP와의 협업이다. SAP와 엔비디아가 손잡고 차세대 기업을 대상으로 한 애플리케이션 개발에 생성형 AI와 산업용 디지털 트윈을 통합 지원하는 기술을 발표했다. SAP는 같은 시기에 미국 플로리다주 올랜도에서 자사의 프라이빗 세미나를 개최했는데, 크리스티안 클라인 CEO가 대만을 방문 중이던 엔비디아의 젠슨 황 CEO와 함께 온라인으로 출연했다.

SAP는 클라우드에도 주력하고 있는 소프트웨어 벤더로, 자사의 인텔리전트 제품 추천 솔루션에 '엔비디아 옴니버스 클라우드'의 API를 통합한다. 이를 통해 SAP가 추천하는 솔루션 시스템 내에서 제품의 디지털 트윈을 3차원으로 볼 수 있게 된다. 어떤 식으로 구성된 장치가 물리적으로 딱 맞게 들어갈지 사전에 시각화해 확인 가능하므로 개발 기간이 단축된다.

미국 시스코 시스템즈와의 협업

두 번째는 미국 네트워크 기기 업체인 시스코 시스템즈와의 협업이다. 시스코는 시스코 라이브(시스코 주최 세계 최대 규모의 IT 행사) 개최 장소에서 '시스코 넥서스 하이퍼패브릭' AI 클러스터 솔루션을 발표했다. 거대한 AI 클러스터 시스템에 엔비디아의 가속 컴퓨팅 플랫폼과 '엔비디아 AI 엔터프라이즈' 소프트웨어, AI 추론 마이크로 서비스 '엔비디아 님(NIM)'을 사용하고 있다는 사실을 밝혔다. 엔비디아와 시스코의 협력으로 얻은 성과다.

시스코의 넥서스 하이퍼패브릭은 기업이 생성형 AI를 관리하게 하기 위한 솔루션이다. 기업의 애플리케이션을 생성형 AI의 애플리케이션으로 변환하려면 컴퓨터 인프라도 거대해질 수밖에 없다고 시스코의 책임자는 말한다.

이 거대한 시스템을 신속하게 가동하기 위해서는 가속기 역할을 해줄 컴퓨터 시스템(GPU+CPU+네트워크 칩 등)과 AI 소프트웨어가 필요하다. 이는 엔비디아의 AI 시스템을 찾게 된다는 뜻이다.

유럽 디지털 은행 번크와의 협업

세 번째는 유럽의 디지털 은행 번크(Bunq)와의 협업이다. 번크는 엔비디아의 가속 컴퓨팅 기술과 AI를 이용해 금융 사기 감지 속도를 100배로 높였다. 자유로운 은행을 표방하는 번크는 언제 어디서든 온라인 거래를 할 수 있다는 점을 강조한다. 고객의 수요가 높아짐에 따라 번크는 금융 사기와 자금 세탁 문제에 대처해야 했다. 여기에 엔비디아의 생성형 AI가 도입되었다.

기존의 규칙 기반 알고리즘에서는 사기나 자금 세탁을 암시하는 행동 여부를 잘못 판단하는 경우가 많았다고 한다. 결국 수작업으로 다시 하는 경우가 많았는데, 금융 사기가 빈번하게 발생하게 된 요즘은 양적으로도 대응하기 어려워져 생성 AI를 도입하게 되었다. AI의 '지도 학습'과 '자율 학습'을 사용해 거래 모니터링 시스템을 개발해 수작업을 줄일 수 있을 것으로 기대되고 있다.

TSMC의 고객이자 공급사인 엔비디아

엔비디아는 팹리스 반도체 기업이어서 제조시설이 없다. 그래서 반도체 칩 제조는 대만의 TSMC에 위탁하고 있다. 말하자면 TSMC가 공급사, 엔비디아는 고객이다.

TSMC가 사용하는 신규 리소그래피 장비에 엔비디아의 컴퓨팅 기술을 도입한 사례도 있다. 이번에는 TSMC가 고객이고 엔비디아가 공급사가 됐다.

현재 최첨단 프로세스인 2나노미터 공정 노드를 TSMC와 인텔, 삼성, 라피더스 등이 개발 중인데, 사실 2나노미터 공정 노드라고 해도 실제 최소 가공 크기는 10나노미터 정도이다. 리소그래피 장비는 X선 파장에 가까운 극자외선(EUV) 기술을 사용하게 되는데 EUV 빛의 파장은 13.5나노미터로, 10나노미터보다 길다. 이대로는 마스크 패턴에 빛을 쏘아도 실리콘상에서 원하는 패턴을 구현하기 어렵다. 파장보다 작은 틈에는 빛이 들어가지 못하기 때문이다. 빛에는 종파와 횡파가 있는데, 둘 중 하나만 통과할 수 있다. 빛이 스며드는 현상도 있어 조금은 들어가지만 정확한 패턴을 그릴 수 없다.

그래서 실리콘상에서는 계산대로 패턴이 나오도록 포토마스크의 패턴을 미리 수정해둔다([자료 9-1]). 그럼 어떻게 해서 최적화된 포토마스크로 수정할까?

파장 193나노미터의 ArF 레이저 리소그래피 시절에는 광원 형태를

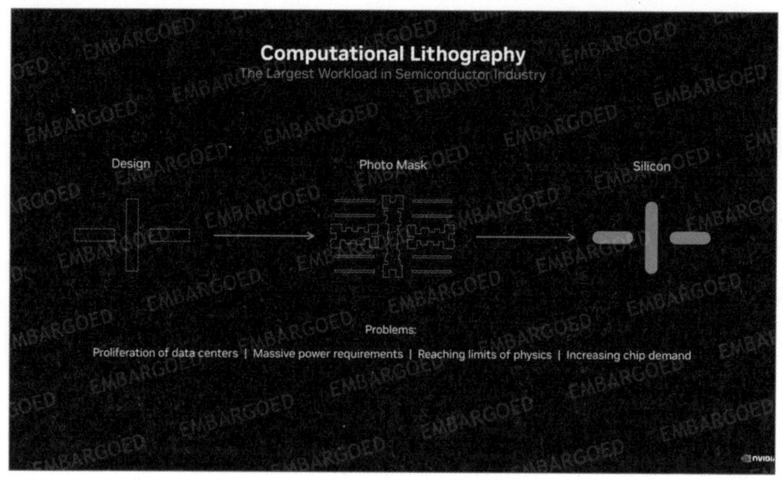

자료 9-1 계산 리소그래피로 실리콘상의 패턴과 같아지도록 계산한다

바꾸거나 시행착오를 하며 수작업으로 수정했었다. 이 수정 작업을 광근접 효과 보정(OPC)이라 한다. 왜곡될 포인트를 미리 파악해서 ArF 리소그래피보다 짧은 크기의 패턴으로 대처했다.

하지만 EUV와 같은 연 X선 기술은 레이저와 달리 빛의 성질이 복잡하기 때문에 수작업이 아니라 계산기로 광로의 근삿값을 계산해 마스크 수정 작업을 했다. 이것이 계산 리소그래피 기술이며, 이 솔루션을 엔비디아는 쿠리소(cuLitho)라고 한다([자료 9-2]).

TSMC나 ASML의 기술만으로는 문제를 해결하기 어려웠기에 2023년 3월, TSMC와 ASML, 엔비디아, 그리고 포토마스크 출력까지 설계 가능한 툴을 제공하는 시놉시스, 4개사가 협력해 생태계를 구축했다. 실적

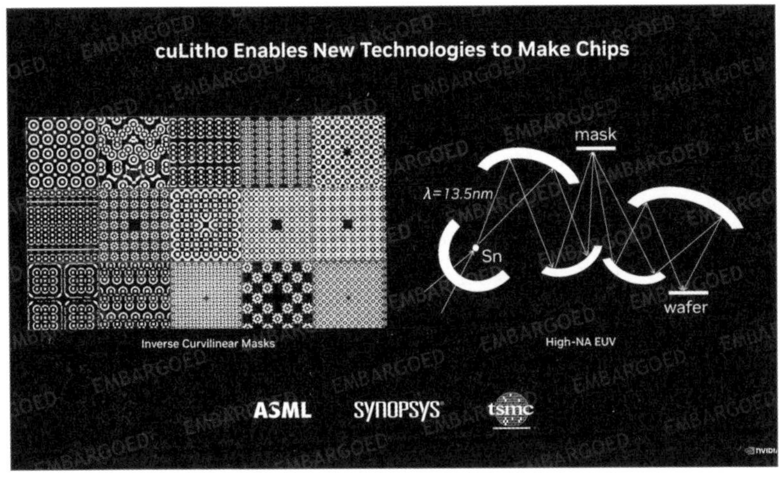

자료 9-2 고NA의 최신 EUV 시스템에 채택된 소프트웨어 쿠리소

이 있는 시놉시스의 OPC 소프트 프로테우스와 엔비디아의 쿠리소가 통합되었다.

엔비디아의 쿠리소를 TSMC의 라인에 도입해 테스트한 결과, 곡선 패턴을 얻는 속도가 45배 빨라졌고 가로 세로의 직선 패턴으로 이루어진 맨해튼 마스크에서는 60배나 빨라졌다고 한다.

엔비디아는 최근 1년간 생성형 AI를 적용해 쿠리소의 가치를 높이기 위한 알고리즘도 개발해왔다. 생성형 AI를 적용함으로써 빛의 회절을 고려하여 반전 마스크와 반전 솔루션도 거의 완벽하게 할 수 있다고 한다. 여기에 프로테우스의 OPC로 보정을 더함으로써 마스크 작성 시간이 2배 더 빨라졌다고 한다.

지금까지 GPU 계산에서는 H100 제품을 써왔는데, 향후엔 엔비디아의 최신 제품인 블랙웰 GPU를 사용할 것 같다.

필요한 모든 솔루션 제공

엔비디아는 게임용 그래픽으로 시작해 거기에서 만들어 낸 GPU를 수치 연산 전용 컴퓨팅 가속기로 발전시켰고, 더 나아가 신경망 모델을 사용해서 AI를 구현하게 되었다.

그렇다면 엔비디아의 강점은 무엇일까? 게임 분야, 컴퓨팅 분야, AI 분야에 모두 해당하는 강점은, GPU 그래픽 프로세서와 같은 하드웨어, 병렬 연산을 쉽게 만들어 주는 쿠다와 같은 소프트웨어, 여기에 커스터마이징 및 검증을 위한 개발 환경 등 시스템화하는 데 필요한 기술을 담은 솔루션을 모두 제공할 수 있다는 점이다.

엔비디아는 스스로를 '플랫포머'라 부른다. 최근 들어 젠슨 황은 'AI 파운드리'라 부르고 있다.

지금부터는 엔비디아가 힘을 쏟고 있는 AI를 활용한 자율주행차, 의료·헬스케어, 메타버스 등 분야별 사례를 통해 엔비디아의 강점을 알아보겠다.

자율주행 시스템의 모든 것을 제공

'엔비디아 드라이브 AGX'는 자율주행 및 몰입형 차량 내 경험을 제공하는 시스템을 개발하는 데 필요한 하드웨어와 소프트웨어를 포함하는 플랫폼이다. 엔비디아 드라이브 OS로 동작하는 개방적인 모듈 방식이다.

이 플랫폼에 센서 등의 액세서리를 더하면 자동차 제조사는 자율주행 기능이나 차내의 AI 경험을 구축할 수 있다. 이들 기능은 무선으로 데이터를 보내는 OTA를 통해 소프트웨어를 갱신할 수 있다.

여기에서 하드웨어란 물론 반도체 칩을 말한다. 엔비디아는 두 종류의 칩을 준비했다. 하나는 '드라이브 오린'이라 불리는 SoC다([자료 9-3]). SoC는 매우 복잡한 고집적 IC로, 소프트웨어를 집어넣은 IC다. 연산 능력이 254 TOPS(Teraflops; 테라플롭스, 초당 1조 번 연산)로 높아 지능형 자동

자료 9-3 엔비디아 드라이브 오린

자료 9-4 엔비디아 드라이브 토르

차의 중앙 컴퓨터로 사용할 수 있다. 자율주행 능력을 높이거나 컨피던스 뷰 기능(자동차 주변을 보고 어떻게 행동할지 확인하는 기능)을 추가하고 액정 화면의 디지털 계기판 기능을 재현하는 등 AI 콕핏 구현이 가능하다.

또 하나는 '드라이브 토르'라는 SoC([자료 9-4])로, 더욱 진보된 차세대 자동차 AI 컴퓨터 칩이다. 안전하고 보안이 뛰어난 시스템으로 첨단 운전자 보조 시스템(ADAS)이나 차량 내 인포테인먼트를 구현할 수 있다. 이 자율주행 차량(AV) 프로세서에는 CPU와 최신 GPU인 블랙웰이 집적되어 있어 생성형 AI를 사용할 수 있다.

이들 반도체 칩뿐만 아니라 반도체를 실제 인쇄회로 기판에 탑재해서 동작을 시험해볼 수 있는 레퍼런스 디자인 보드도 제공한다.

드라이브 오린, 센서 등을 세트로 탑재한 레퍼런스 보드 '엔비디아 드라이브 하이페리온'을 사용하면 개발 및 테스트, 검증을 빠르게 진행할 수 있다. 이 보드에는 차량 외부를 촬영하는 카메라 12대와 내부 촬영용 카메라 3대, 차량 외부용 레이더 9대, 차내용 레이더 1대, 초음파 센서 시스템 12대, 전면용 라이다(LiDAR, 적외선 레이저로 주위를 스캔하여 주위 사물을 감지하는 센서) 1대, 지면 요철 등을 인식하는 라이다 1대를 장착해서 데이터를 처리할 수 있다.

소프트웨어 중에서 OS로는 '드라이브 OS'를 사용했다. 드라이브 OS는 자동차 컴퓨터용으로 안전성 있는 기본 소프트웨어다. 여기에는 효율적인 병렬 동작을 시켜주는 '엔비디아 쿠다' 라이브러리와 실시간으로 AI 추론을 수행하는 '엔비디아 텐서 RT', 센서 입력 데이터 처리를 위한 'NvMedia' 등이 포함되었다.

OS 외에 미들웨어라 할 수 있는 소프트웨어도 있다. '엔비디아 드라이브웍스'라는 소프트웨어 개발 도구(SDK)다. SDK에는 자율주행 솔루션 개발이 가능하도록 광범위한 모듈 라이브러리와 개발자용 툴, 레퍼런스용 애플리케이션 소프트 등을 포함하고 있어 엔비디아 드라이브 플랫폼의 컴퓨팅 파워를 최대한 끌어낼 수 있다.

의료·헬스케어용 플랫폼

엔비디아는 헬스케어를 지원하는 분야에도 주력하고 있다. 의료와 헬스케어 분야에 힘을 쏟는 이유는 새로운 컴퓨팅 기술을 사용하면 미래의 의료·헬스케어에 혁명을 일으킬 가능성이 있기 때문이다. 차세대 의료라고도 할 수 있는 맞춤형 치료를 지원함으로써 치료의 질을 높이고 질병 치료를 위한 바이오메디컬 분야에서 돌파구를 찾아내는 일도 가능하다.

이를 위해 엔비디아는 헬스케어 업계를 대상으로 '엔비디아 클라라'라는 플랫폼을 제공하고 있다. 유전체학 연구용인 파라브릭스, 자연 언어 처리용 네모, 신약 개발용 바이오네모, 바이오메디컬 이미지 작성용 모나이, 의료기기용 홀로스캔 등의 플랫폼이다([자료 9-5]).

'엔비디아 파라브릭스'는 가속 컴퓨팅을 활용해 수 분 내로 데이터를

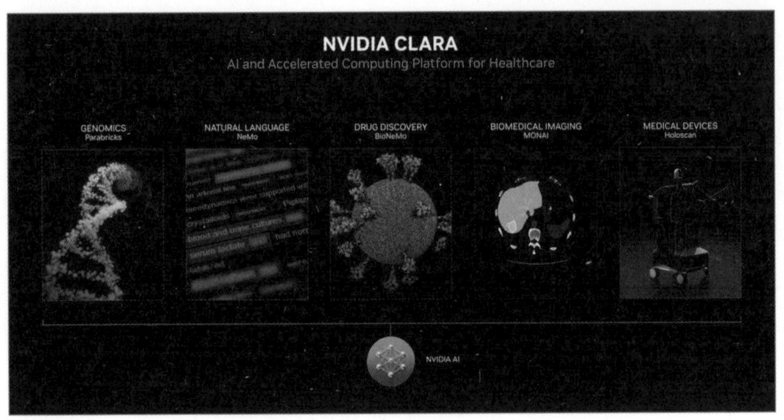

자료 9-5 의료·헬스케어 플랫폼인 엔비디아 클라라

처리하기 위한 확장 가능형 유전자 분석 소프트웨어다. 다양한 바이오 인포매틱의 워크플로를 지원하며 정확도 높은 커스터마이징을 위한 AI를 탑재했다. 미래의 맞춤형 의료에서는 환자의 유전자 정보를 분석하기 위해 사용한다.

'엔비디아 바이오네모'는 바이오 전문으로 신약 개발을 위한 생성형 AI 플랫폼이다. 기업의 자체 데이터를 사용해 신약 개발 애플리케이션 모델을 확장하면서 모델 학습을 간략화해 속도를 높인다. 바이오네모는 AI 모델을 개발해 적용하는 작업을 빠르게 진행할 수 있다. 모델 학습에는 '엔비디아 DGX 클라우드'를 이용해 바이오네모 프레임워크를 다운로드하면 엔드투엔드로 학습시킬 수 있다. 개인의 유전 정보를 바탕으로 그 사람에게 잘 듣는 약을 조기에 개발하기 위해서도 사용한다.

의료기기용 플랫폼 '엔비디아 홀로스캔'은 병원에서 촬영한 데이터를 실시간으로 처리하고 확장성도 요구되는 풀스택 인프라를 제공한다. AI 애플리케이션을 탑재한 의료기기를 직접 수술실에 가져가서 홀로스캔을 사용해 영상 데이터를 처리하고 AI 플랫폼으로 추론한다. 예컨대 수술실 내에서 영상을 보며 암 여부를 구별할 수 있게 된다. 경험이 적은 의사도 암을 판별할 수 있게 되면 의사 부족 문제 해결로 이어진다. 그렇게 되면 병원 의료팀은 실시간으로 환자 고유의 증상을 판단하고 수술 방법 등을 추천할 수 있다. 이를 위해서는 데이터센터부터 엣지까지 저지연 데이터 처리 파이프라인을 구축해야 한다.

엔비디아 홀로스캔과 함께 사용하는 AI로는 산업용 엣지 AI 플랫폼인 '엔비디아 IGX'가 있다. 이미지 센서가 포착한 영상을 실시간으로 처리하려면 AI의 성능뿐만 아니라 고대역폭의 처리 성능이 필요하다. 또 보안을 위해 자동차 분야와 같은 안전성이 높은 구조가 채택되었다.

홀로스캔 플랫폼에는 AI 컴퓨터인 엔비디아 IGX, 이 컴퓨터상에서 엣지 AI의 애플리케이션 소프트웨어를 개발하기 위한 엔비디아 IGX 개발 도구, 그리고 '홀로스캔 SDK'가 준비되어 있다.

최근에는 대만의 대표적인 병원인 국립보건원(NHRI)과 창궁기념병원(CGMH)에서 엔비디아의 가속 컴퓨팅 기술과 생성 AI 기술을 도입했다. 환자 치료의 질적 향상과 병원 업무의 워크플로 합리화를 목표로 하고 있다.

의료와 일렉트로닉스의 결합은 엔비디아의 기술에만 그치지 않는다. 예를 들면 디지털 반창고라는 것도 있는데, 센서를 사용해서 얻은 체온과 땀 등의 데이터를 블루투스로 스마트폰에 보내고, 그 데이터를 다시 병원에 보내는 기술 개발도 진행되고 있다.

엔비디아는 미래의 맞춤형 의료를 위해 검사, 분석, 진단, 치료로 이어지는 소프트웨어, 하드웨어 플랫폼을 조금씩 준비하기 시작했다.

메타버스로의 응용

앞에 나온 두 가지 사례는 AI를 자율주행이나 맞춤형 의료에 활용한다는 미래지향적인 예다. 이것 외에 앞의 2장에서도 언급한 디지털 트윈이 있는데, 현실과 똑같은 시뮬레이션 결과를 시각화하는 메타버스에도 응용해 진행하고 있다.

최근 텔레비전이나 SNS 등에서 'AI가 만든 가짜 영상'이라며 실제 현실 같은 영상을 올리는 사례를 보게 된다. 하지만 이 같은 표현을 쓰면 사실적인 영상을 모두 AI가 만들었다는 오해를 불러일으킬 수 있다. 영상은 생성형 AI가 만들었지만, 현실로 착각할 정도의 사실적인 영상은 AI가 아니라 2장에서 소개한 레이 트레이싱 기술로 만든 것이다.

옴니버스 플랫폼은 자동차와 같은 제품 또는 거리에 있는 건물 등 물리적인 것을 설계하기 위해 디지털 트윈을 구축하는 툴이다.

엔비디아는 'GTC 2021'에서 스웨덴 통신 기업 에릭슨과 협력하여

자료 9-6 에릭슨과 협업해 수행한 5G 네트워크 시뮬레이션

5G 전파가 어느 정도의 세기로 나오는지 시뮬레이션하고, 이를 시각화했다([자료 9-6]). 시뮬레이션 결과를 분석해 간이 기지국을 어디에 어떻게 배치하면 5G 서비스 적용 범위를 극대화해서 가입자에게 최상의 서비스를 제공할 수 있는지 시각적으로 보여준다.

많이 보급될수록 더 잘 팔리는 GPU

옴니버스로 시뮬레이션하고 시각화하려면 GPU를 사용한 컴퓨터가 꼭 있어야 한다. 단순한 칩 설계를 넘어서 그 칩을 사용하게 만드는 소프트웨어 기반(플랫폼)을 구축하고, 그것을 모든 제조 디자이너들이 쓸 수 있도록 한다. 이것이 엔비디아의 전략이다.

옴니버스의 플랫폼을 대중화시키면 소프트웨어뿐만 아니라 고성능 컴퓨터인 하드웨어도 팔리게 되고 그 핵심을 이루고 있는 GPU도 팔리는 셈이다.

옴니버스는 다양한 소프트웨어 모듈을 짜 넣을 수 있도록 확장성을 갖추고 있다. 증강현실(AR)과 가상현실(VR)과 같은 몰입형 그래픽을 사용해 아바타를 만들고, 그 아바타와 대화를 통해 시뮬레이션 등의 작업을 수행할 수도 있다.

예를 들면 엔비디아에는 '옴니버스 아바타'라는 서브 플랫폼이 있다. 여기에는 자동차 주행 중에 아바타가 디지털 비서로서 길을 안내하고 도로 혼잡 상황을 알려주는 '드라이브 컨시어지'와 자율주행을 강화하는 '드라이브 쇼퍼(전용 운전기사라는 뜻)'가 쓰인다([자료 9-7]).

2024년 1월에 라스베이거스에서 개최된 CES에서 퀄컴의 크리스티아

자료 9-7 자율주행 차량에 탑재한 아바타, 드라이브 컨시어지(가운데)

노 아몬 CEO가 흥미로운 이야기를 했다. "미래에는 록 밴드 이글스의 'Life in the Fast Lane'이라는 노래처럼 운전자가 자동차(she)와 대화하면서 운전하게 될지도 모른다." 그런 세상이 현실로 다가오고 있는지도 모르겠다.

엔비디아의 강점은 플랫포머

지금까지 소개한 사례에서 알 수 있듯이 엔비디아는 단순한 팹리스 반도체 기업이 아니다. GPU와 AI 칩 등 반도체 칩이라는 하드웨어를 갖고 있지만, 다양한 용도로의 개발을 지원하는 소프트웨어 라이브러리나 소프트웨어 개발 툴(개발 환경) 등의 플랫폼이 있는 플랫포머(platformer, 플랫폼 개발자)이기도 하다.

엔비디아는 고객이 원하는 것을 구현하기 위한 '하드웨어'와 '소프트웨어', 그리고 '소프트웨어 개발 환경'도 제공한다. 이 모든 것이 제공 가능하며 고객의 솔루션을 지원한다는 점이 엔비디아의 최대 강점이다.

고객이 원하는 기능 구현

만약 엔비디아가 GPU라는 반도체 칩만 제공한다고 하면, 대부분의 고객사는 GPU를 잘 알지 못하니 '써보겠다'라고 행동으로 옮기기는 어려웠을 것이다. 과거 일본의 반도체 기업이 몰락했던 요인 중 하나는 엔비디아가 제공하는 솔루션의 필요성을 인식하지 못했기 때문이기도 하다.

일본의 한 반도체 대기업의 엔지니어가 고객이 쓰기 편하도록 개발 보드를 시제품으로 만들었다. 그런데 그걸 본 상사가 "그런 것 만들 시간에 반도체 칩을 팔아라"라는 말을 했다고 한다. 이 엔지니어는 고객이 기뻐하리라 생각하고 칩을 탑재한 보드를 만들어 '이 칩을 사용하면 이런저런 작업이 가능하다'라고 설명해주고 싶었던 거다. 그런데 상사는 그런 생각을 이해하지 못했다.

반도체 칩은 겉으로 보기에 그냥 검은 플라스틱 몰드 옆으로 금속 도선이 나와 있는 물체다. 이것만 봐서는 어떻게 사용하는지 알 수 없다. 게다가 '무어의 법칙'에 따라 집적도가 올라갈수록 내부가 복잡해져서, 어떤 단자를 어떻게 연결해서 어떤 기능을 구현할 수 있는지 반도체 공급자가 알려주지 않으면 고객은 알 수가 없다.

또 반도체 IC 칩은 CPU를 집적하기 때문에 여기에 맞는 소프트웨어가 필요하다. IC 칩의 차별화는 고객이 원하는 기능을 구현 가능한가에 달려 있다. 고객이 원하는 기능을 구현하기 위해서는 회로 기판 보드 같은 하드웨어뿐만 아니라 소프트웨어가 절대적으로 필요하다. 이제 소프트웨어는 칩에 없어서는 안 될 중요한 부품이 되었다.

엔비디아의 토털솔루션 제공

지금까지 살펴봤듯이 엔비디아의 강점은 개발 환경을 포함한 토털솔루션 제공이 가능하다는 데 있다. 토털솔루션이란 그 기업의 시스템 전체를 보고 종합적으로 문제를 해결하는 것을 말한다.

과거에는 게임 분야가 중심이었지만 컴퓨터 연산(가속 컴퓨팅), 계산 결과의 비주얼화(아름다운 시각화), AI 등이 추가되면서 폭넓은 분야에 걸쳐 솔루션을 제공할 수 있게 되었다. 엔비디아의 강점은 더욱 강력해지고 있다.

엔비디아는 AI와 반도체라는 두 개의 성장산업에 토털솔루션을 제공하고 있다. 그리고 앞으로 다가올 미래에는 더 성장해나가리라는 큰 기대를 받고 있다. 이러한 성장성을 인정받아 주가가 급등했고 창업한 지 31년 만에 세계 1위로 발돋움했다.

엔비디아는 무엇이 다른가?

AI와 반도체 사업 양쪽을 모두 운영하는 기업이 엔비디아밖에 없는가 하면, 그렇지는 않다. 인텔과 AMD가 있다.

인텔은 폰테 베키오라는 코드명의 GPU 칩이 미국 아르곤 국립연구소의 슈퍼컴퓨터 오로라에 쓰이고 있다([자료 8-9] 참조). 최근 인텔은 엔비디아를 따라잡을 '가우디3'라는 코드명의 칩을 개발했다.

AMD도 MI300X에 이은 AI 칩 MI325X를 2024년 6월 대만에서 개최된 '컴퓨텍스 타이베이 2024'에서 발표했다.

이것은 엔비디아의 생성형 AI 칩에 대항마가 되는 제품이다.

하지만 인텔과 AMD도 이때 새로운 반도체 칩을 소개하기는 했지만 소프트웨어에 관한 발표는 없었다. 반복해서 말하지만, 엔비디아의 강점은 하드웨어뿐만 아니라 소프트웨어 및 소프트웨어 개발 환경까지 모든 것을 제공할 수 있다는 점이다.

엔비디아를 뛰어넘는 기업이 나타날까?

AI와 반도체는 미래의 성장산업이므로 AI 반도체 칩을 개발하는 스타트업도 계속 생겨나고 있다. 미국의 세레브라스와 삼바노바, 최근 SBG가 인수한 영국의 그래프코어 등이 생성형 AI를 다룰 수 있는 반도체 스타트업이다. 이들 기업은 모두 팹리스 기업이다. 팹리스는 제조에 신경 쓰지 않아도 되기 때문에 설계에 집중할 수 있다.

스타트업 중에서는 세레브라스의 웨이퍼 스케일 AI 칩이 주목받고 있다. 세레브라스는 2024년 3월에 신형 AI 칩인 'CS-3'를 출시했는데, 엔비디아의 최신 AI 칩인 B200(블랙웰)과 비교 검토했다. 비교한 것은 다음 네 가지다.

1. 세레브라스 CS-3 칩
2. 엔비디아 B200
3. 엔비디아 B200 8개를 탑재한 서버 DGX B200
4. 엔비디아 B200 72개를 탑재한 컴퓨터 랙 GB200 NVL72

그 결과 FP16(16비트의 부동소수점 연산)의 AI 성능은 세레브라스의 CS-3가 125페타플롭스(FLOPS, 1초에 수행 가능한 부동소수점 연산 횟수)인데 비해 엔비디아의 B200은 4.4페타플롭스, DGX B200은 36페타플롭스, GB200 NVL72는 360페타플롭스였다.

성능에서는 엔비디아의 GB200 NVL72가 세레브라스의 CS-3보다 2.88배 높았다. 다만 소비전력은 GB200 NVL72가 5.2배나 많았다. 이것은 1와트당 성능, 즉 전력 효율에서는 세레브라스의 CS-3가 뛰어나다는 것을 의미한다.

세레브라스는 아직 스타트업이므로 자금 조달 문제도 있는 데다가 비상장 기업이라 재무 내용도 공개되지 않았다(2025년 2월 기준). 하지만 엔비디아도 방심은 금물이다. 엔비디아의 독주 체제가 언제까지 이어질지는 아무도 모른다.

뒤에서 언급하겠지만 젠슨 황은 10년 단위로 생각하는 사람이다. 현재의 AI 기술은 10년 뒤의 재발명 시대까지 가는 과도기에 있다고 할 수 있다. 아마 그동안에 AI가 계속 발전하고 플레이어도 대거 바뀔지 모른다.

인텔은 2024년 2월에 '인텔 파운드리 다이렉트 커넥트'를 개최했다. 이 행사에서 스튜어트 팬(Stuart Pann) 수석 부사장은 이렇게 말했다. "TSMC는 파운드리 모델로 크게 성공했다. 하지만 밥 딜런에 따르면 시대는 변한다(The Times They Are A-Changin')."

지금은 1등이지만 미래에는 꼴찌가 될지도 모르고, 지금은 꼴찌지만 미래에 1등이 될지도 모른다는 시대의 변화를 노래한 곡을 소개했다.

제 10 장

AI 기술의 진화는 반도체 진화

마이크로소프트가 투자하고 오픈AI가 개발한 챗GPT

2024년도(2023년 2월~2024년 1월)에 엔비디아가 매출액을 전년 대비 2배 이상이나 올릴 수 있었던 가장 큰 이유는 AI 시장에서 수요가 급증했기 때문이다. 특히 생성형 AI 분야의 수요가 매우 높았다.

오픈AI가 챗GPT를 처음 선보인 2022년 가을부터 엔비디아의 GPU 수요는 폭발적으로 증가했다. 챗GPT를 포함한 생성형 AI 모델 GPT-3는 1,750억 개에 달하는 매개변수로 학습 데이터를 처리하는 거대한 규모를 자랑한다. 엔비디아의 GPU를 수천 개 탑재한 컴퓨터 시스템을 쓰고도 학습시키는 데만 약 300일이 걸린 끝에, 어렵게 생성형 AI를 만들어냈다는 후문이다.

그동안 AI를 개발하는 기업들은 학습에 너무 많은 시간이 걸리면 승산이 없다며 포기하는 경향이 컸다. 그러나 오픈AI는 개발의 끈을 놓지 않고 트랜스포머 방식을 사용해 생성형 AI를 탄생시켰다. 이처럼 포기하지 않고 개발이 가능했던 건 마이크로소프트가 오픈AI에 투자해주었기 때문이다.

칩의 성능 향상을 이끄는 생성형 AI

미국의 세레브라스는 과거 300나노미터 웨이퍼에서 통째로 한 장을 잘라낸 거대한 AI 칩([자료 10-1] 왼쪽)을 개발했다.

2019년 12월 이 회사의 창업자 겸 CTO인 게리 라우터바흐(Gary Lauterbach)를 취재하면서 거대한 AI 칩을 개발한 이유를 물었더니, 그는 "AI 소프트웨어 연구자들은 학습 기간이 너무 길면 그 소프트웨어 개발을 거의 포기해 버린다. 현재 시장에 있는 AI 칩으로 처리하려면 수백 일이나 걸리기 때문이다"라고 대답했다.

자료 10-1 세레브라스의 거대한 칩(왼쪽)과 엔비디아의 GPU(오른쪽)

세레브라스가 거대한 칩을 개발한 이유는 방대한 소프트웨어를 단기간에 학습시키기 위해서다. 칩 성능이 높으면 단기간에 학습이 끝난다. 가령 양산 중인 GPU보다 성능이 10배

높다고 하면 신개발 GPU에서는 학습 기간이 10분의 1로 단축되는 셈이다.

엔비디아의 GPU(A100)는 세레브라스의 웨이퍼 스케일 칩과 비교하면 칩 면적이 56분의 1밖에 되지 않는 작은 크기([자료 10-1] 오른쪽)인데, 그래도 일반 칩보다는 크다.

크기에서는 세레브라스의 GPU를 못 따라가지만, 엔비디아의 GPU에는 확장성이 있어 칩을 대거 나열해 병렬 연산이 가능하다는 특징이 있다. 칩뿐만 아니라 보드 레벨에서도 네트워크를 통해 보드 간에 연결할 수 있다. 보드를 장착한 컴퓨터끼리도 네트워크 접속이 가능하다. 엔비디아는 대량의 GPU를 연결하기 위해 네트워크 전용 칩 개발 업체인 멜라녹스를 인수했다.

반도체 기업으로서 오랜 기간 선두를 달려온 인텔과 AMD도 엔비디아의 GPU를 의식한 듯 고성능 AI 칩을 개발하고 있어, AI 칩의 성능 경쟁은 생성형 AI의 등장과 함께 더욱 치열해지고 있다.

소프트웨어 개발자들의 입장에서 보면, 성능이 뛰어난 AI 칩이 나와준다면 방대한 양의 소프트웨어를 학습시키는 작업이 훨씬 수월해진다. 더 높은 성능의 AI 칩이 나오기를 바라는 목소리는 점점 더 높아져 가고 있다.

생성형 AI의 시장성

AI 칩은 계속해서 진화하고 있다. 그렇다면 과연 생성형 AI는 어디까지 거대해질 수 있을까?

오픈AI는 1조 개의 매개변수를 가지는 'GPT-4o'를 출시했다. 거대한 매개변수를 갖는 AI도 거대한 하드웨어로 추론하면 응답 속도가 빨라진다. 다만 그만큼 비용이 늘어나니 무조건 수요가 증가한다고는 보기 어렵다.

매개변수를 200억~300억 개로 제한해 용도별로 적절한 규모의 생성 AI를 만들려는 움직임도 있다. 9장 사례 부분에서 소개한 엔비디아 의료·헬스케어 분야의 다양한 AI 시스템이 바로 그 예다.

예컨대 신약 개발 플랫폼 바이오네모는 컴퓨터를 사용한 기본 모델 구축, 최적화, 설치 등을 수행하는 프레임워크다. 분자 생성부터 시작해 분자 구조의 예측, 단백질의 특성 예측, 분자 서열 예측, 단백질 서열 생성 등을 엔비디아 DGX 클라우드 컴퓨터를 사용해 처리한다. 수십억 개의 매개변수로 연산 작업을 수행하게 되는데, 기존의 GPU인 V100을 500대 사용해 30일 걸렸던 학습이 새로운 칩 H100을 비슷하게 512대 사용했을 때는 3~4일 만에 끝났다.

용도별로 만든 생성형 AI에는 이미 고객이 등장했다. 미국의 바이오 의약품 기업인 암젠이 신약 개발에서 엔비디아의 바이오네모 서비스를 이용하겠다고 발표했다.

또 프랑스 의료기기 업체인 문서지컬은 AI 기반의 알고리즘 솔루션인 엔비디아 홀로스캔 플랫폼을 조합한 자동 복강 내시경 '마에스트로 시스템'을 사용해 수술을 집도한 결과, 200명 이상의 환자를 치료했다고 2024년 3월에 발표했다. 기존의 복강 내시경으로 수술할 때는 장비를 제어할 사람이 필요했는데, 마에스트로 시스템을 사용할 경우 최소한의 외과 의사만 있으면 끝낼 수 있다고 한다.

IBM도 신약 개발에 생성형 AI를 활용하는 모델을 제시했다. IBM은 AI 모델과 학습·추론에서 오랜 기간 실적을 쌓아온 기업이다. AI 시스템 왓슨을 더 고도화한 '왓슨x'를 기반으로, 챗GPT처럼 1,750억 개의 매개변수를 사용하지 않고도 사용자 맞춤형 AI 모델과 용도에 대응할 수 있다고 한다.

요약·번역 용도와 기업용 용도

종합 소프트웨어인 '왓슨x.ai'에서는 IBM 자체 모델뿐만 아니라 오픈 소스 기반 모델이나 타사 기반 모델도 이용할 수 있다([자료 10-2]). 자체 모델도 매개변수가 1.5억 개부터 130억 개까지이고, 오픈 소스에서도 최대 700억 개에 그친다. 대형 매개변수 모델에서는 질의응답, 생성, 추출, 요약, 분류, 5가지 기능을 수행할 수 있는데 추출과 분류에만 특화하면 매개변수가 적은 소형 모델로도 가능하다.

IBM에 따르면 AI에는 크게 두 개의 흐름이 있다고 한다.

<2023년 9월 20일 기준>

IBM 자체 기반 모델			오픈 소스 기반 모델					타사 기반 모델	
Slate	Granite	Sand stone	flan -ul2	gpt-neox	mt0-xxl	flan-t5-xxl	mpt-instruct 2	Llama2-chat	Star Coder
인코더	디코더	인코더와 디코더							
153백만 파라미터	80억 130억	30억	200억	200억	130억	110억	70억	700억	155억
	질의 응답	질의 응답	질의 응답	질의 응답	질의 응답	질의 응답	질의 응답	질의 응답	
	생성		생성	생성	생성	생성	생성	생성	
추출	추출		추출		추출			추출	
	요약	요약	요약		요약	요약		요약	
분류	분류	분류	분류		분류	분류		분류	
									코드 생성
제공 가능 (7월)	개발 중 (9월)	개발 중 (10월)	제공 가능	제공 가능	제공 가능	제공 가능	제공 가능	제공 가능 (9월)	제공 가능 (9월)

- 인코더: 정보를 읽어 들여 다양한 업무에서 사용하기 쉽다 벡터(수치)를 추출한다
- 디코더: 정보를 생성한다

자료 10-2 왓슨x.ai에서 이용 가능한 기반 모델 예시

먼저 첫 번째는 요약과 번역이다. 여기에 사용하는 AI 모델은 대규모 언어 모델(LLM)이 필요하며 클라우드 기반으로 학습시킨다. 두 번째는 기업용이다. 기업용에서는 비교적 가벼운 데이터로 학습 모델을 갱신하는 것이 많다. 왓슨x는 추가 학습으로 강화해나가는 AI를 목표로 하고 있다.

기존에는 '학습은 클라우드로, 추론은 엣지로' 수행하는 것이 상식이었는데 이것이 무너졌다. 클라우드에서 생성한 학습 데이터(기반 모델)를 바탕으로 추가 학습만 시켜 전용 AI 모델을 만들 수 있게 되었다. 다시 말해 PC나 엣지로 추가 학습을 시켜서 추론을 수행할 수 있게 되었다는 뜻이다([자료 10-3]).

IBM은 네 가지 접근 방식을 제안한다. 사용자의 부담이 가장 적은 방법은 ②번으로, IBM이 구축한 AI 서비스를 그대로 사용하는 것이다. 이 경우 사용자의 독자성은 전혀 없다.

①번 IBM이 제공하는 AI 서비스를 자사 제품에 그대로 도입하는 경우도 개발 부담은 적지만 독자성은 많지 않다.

④번 대량의 데이터를 바탕으로 직접 기반 모델을 만들어 사전 학습하려면 대규모 개발 리소스가 필요하다.

그래서 ③번처럼 기존 학습 데이터에 사용자의 자체 데이터를 추가 학습시킴으로써 독자성을 부여한 AI 서비스를 만들어 내는 방식도 있다. 사용자 기업이 지금까지 축적해온 데이터를 이용하면 되기 때문에

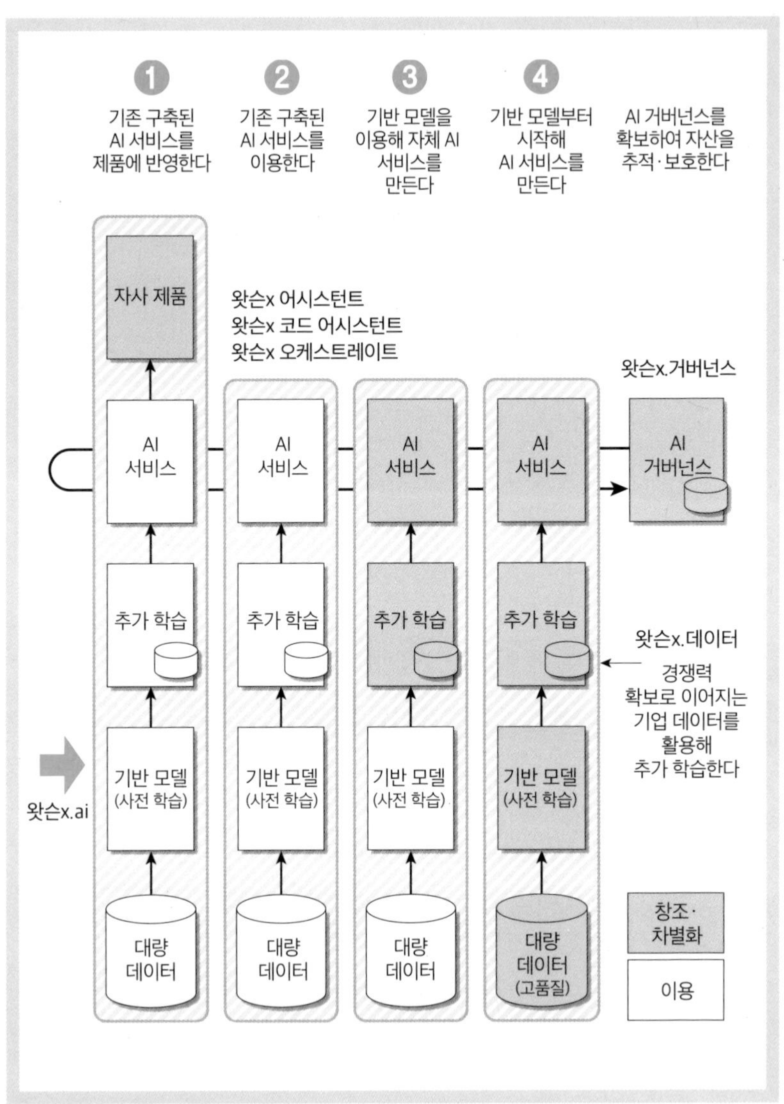

자료 10-3 AI 모델 구축 접근 방식

약간의 학습으로 AI 서비스에 독자성을 부여할 수 있다. 최근 자주 사용되는 접근 방식이다.

전용 AI에서 범용 AI로

알렉스넷(3장 참조)을 계기로 화상 인식 기술의 인식률이 기존 모델 기반의 인식 기술에 비해 압도적으로 향상되었다. 초기에는 화상 인식 전용 AI에 관심이 집중되어 화상 인식이 필요한 자율주행이 주목받았다. 음성 인식도 기존 기술보다 비약적으로 개선되어 AI 스피커에 응용되었다.

이런 AI는 전용 AI다. 자율주행 AI는 자율주행 이외의 용도에는 사용하지 못한다. 외관 검사 장비에 사용하는 AI는 외관 검사에만 사용할 수 있다. 음성 인식 AI도 음성을 인식하는 일만 전용으로 했고, 대화가 가능한 것은 아니었다.

이 때문에 AI 비즈니스에서는 사용자별로 컨설팅하면서, 사용자의 사양에 맞게 학습시켜 추론으로 확인해나간다. 즉 완전한 맞춤형 비즈니스다. 오픈AI가 생성형 AI를 내놓기 전에는 AI는 맞춤형 사양을 도입하는 비즈니스일 뿐이었다. 고객별로 기계학습을 시키기 때문에 대량생산 방식의 대규모 비즈니스는 불가능했다.

TV 등의 미디어에서 AI로 뭐든지 할 수 있다는 듯한 내용이 나오기도 하는데, 생성형 AI 이전의 AI는 어디까지나 전용 AI여서 단일 기능밖에 없었다.

생성형 AI는 방대한 규모를 학습하기 때문에 AI에 물어보면 뭐든지 대답해주는 것처럼 보일 수도 있다. 하지만 학습하지 않은 분야에 대해 질문하면 아직 밝혀지지 않아서 대답할 수 없다는 등의 이유를 대면서 대답하지 않는다. 즉 인간의 두뇌에 가까워지기는 했으나 현실적으로 아직 인간에는 미치지 못한다는 말이다.

따라서 AI로 어느 정도 선별하고 판정하기 어려운 그레이존은 인간이 담당하는 것이 현명하게 AI를 사용하는 방법이다. 신약 개발 사례를 한번 들어보겠다.

신약 개발 작업에서는 약이 될 가능성이 있는 수백만 개 조합의 분자 구조를 AI가 100개 정도로 추린 다음, 인간이 실험해 개발 단계에 도달한다. 이 과정은 수년이나 걸리는 힘겨운 작업이었는데 AI로 신약 개발 기간을 대폭 단축할 수 있게 되었다.

또 다른 사례도 있다. 일본의 도쿄공업대학에서 출발한 스타트업 TAI(Tokyo Artisan Intelligence)의 설립자인 도호쿠대학 나카하라 히로키 교수는, 철도회사에서 매일 실시하는 선로 검사용으로 AI를 개발해 이 알고리즘을 FPGA(현장에서 변경 가능한 논리 회로를 다수 배열한 IC) 칩에 넣었다. 선로를 고정하는 나사가 풀렸는지 검사하는 AI에서는 카메라로 나사의 조임 상태를 촬영하고 그 사진에서 AI(기계학습)로 나사가 헐거워졌는지를 확인한다.

작업자들이 수동으로 검사하면 시간당 2km밖에 하지 못하는데, AI 카메라로는 20km까지도 검사가 가능하다고 한다. 검사 후에는 판정하기 어려운 그레이존만 사람이 재검사하면 된다. AI를 도입함으로써 작업 인원을 대폭 줄일 수 있게 된 것이다.

일본의 TAI는 참치 양식 현장에서도 참치 수를 세는 데 AI 카메라를 사용한다. 하지만 철도 선로 검사에서 나사의 조임 상태를 판정하는 AI와 참치 수를 세는 AI는 다르다. 그래서 전용 AI라 부른다.

작업에 따라 각각의 전용 AI가 필요한데, 이와 달리 하나의 AI로 모든 작업이 가능한 것은 범용 AI라고 한다. 각 분야의 작업에서 수많은 전용 AI가 완벽하게 자리 잡을 즈음에는, 이 범용 AI가 본격화할 것으로 보인다.

일주일 만에 돈 버는 주식거래 기술

이에 따라 전용 AI가 아니라 어떤 작업에도 대응 가능한 범용 AI(AGI)를 개발하려는 움직임이 생겨났다.

필자는 AGI를 개발해 주식거래나 로봇에 응용하려는 엔지니어가 홍콩에 있다는 얘기를 듣고 직접 가서 취재한 적이 있다. 2016년 7월의 일이다.

당시 컴퓨터를 활용해서 1,000분의 1초 이하를 다투는 고속 주식거래가 유행했는데, AGI 엔지니어인 벤 고르첼(Ben Goertzel, [자료 10-4])은

자료 10-4 벤 고르첼

일주일 만에 수익을 내는 주식거래 기술 AGI를 개발 중이라고 했다.

그가 지향하는 AGI는 다양한 분야의 콘텍스트(문맥)를 학습시킨 AI 시스템이다. 예컨대 미래의 주식거래에서는 주식 동향뿐만 아니라 관련 뉴스와 경제 데이터, 기업의 재무 데이터 등 다양한 분야의 데이터를 학습시킨다.

벤 고르첼은 로봇에 AGI를 도입한 기술도 개발했는데, 인간형 로봇 '소피아'에 컴퓨터를 연결해 AGI를 탑재했다. 배우 오드리 헵번을 모델로 했다는 소피아는 사물 인식뿐만 아니라 일어난 상황을 이해하고 판단해서 알려줄 수 있다고 한다. 영어판뿐이지만 언어도 이해하고 음성합성 기술로 대화도 가능하다. 소피아는 사람 목소리로 대화할 수 있으며 다양한 질문에 답해준다. 그뿐만 아니라 소피아의 뺨에 여러 개의 초소형 마이크로 모터를 심어놓아 희로애락의 감정도 표현할 수 있다. 예를 들어 "웃는 표정을 지어봐"라고 말을 걸면 웃는 얼굴을 보여준다. "화난 표정을 지어봐"라고 말하면 화난 얼굴을 보여준다. 벤 고르첼이 참여한 헨슨로보틱스의 홈페이지(hansonrobotics.com)를 살펴보면 이와 관련해 다양한 데모를 볼 수 있다.

AGI에는 다양한 분야의 지식을 학습시킬 필요가 있다. "지식이 풍부한 AI라면 지금보다 정확한 미래가 예측 가능할 것"이라고 벤 고르첼은 말한다.

벤 고르첼이 예시로 든 것은 영국의 유럽연합 탈퇴(브렉시트) 여부를 묻는 국민 투표가 실시되었을 때 있었던 일이다. 대부분 언론은 탈퇴 반대파가 다수를 차지하리라는 결과를 예측했으나 현실은 달랐다.

이에 대해 벤 고르첼은 다음과 같이 말했다. "언론이 사용하는 데이터가 적었기 때문에 예상이 빗나갔다. 만약 런던 등의 술집에서 사람들이 맥주를 마시며 이야기하는 본심을 데이터에 반영했다면 정확한 결과를 예상했을 것이다." 현실의 여러 데이터를 적용했을 때 더욱 정확한 예상이 가능하다는 말이다.

필자가 벤 고르첼을 취재한 2016년 당시는 '싱귤래리티(singularity, 특이점)'라는 말이 자주 오르내렸다. AI를 통해 인간을 뛰어넘는 지성, 즉 싱귤래리티를 실현할 수 있는 시대가 오리라는 말이 나오기 시작한 때였다.

챗GPT는 범용 AI인가

2022년 가을 큰 사건이 발생했다. GPT-3를 기반으로 한, 챗GPT의 등장이다. 소프트웨어 매개변수가 1,750억 개나 되는 거대한 학습 데이터를 가진 AI다. 무엇이든 대답해주는 챗GPT가 등장했을 때 필자는 무의식중에 '이것은 범용 AI'라고 직감했다.

챗GPT를 개발한 오픈AI는 학습 데이터가 거대해지는 AI 소프트웨어를 개발하면서 트랜스포머라는 기술을 사용해 콘텍스트(문맥)를 확률적으로 이해하는 거대 언어 모델(LLM)을 만들었다.

앞서 언급했듯이 GPT-3의 학습에는 엔비디아의 GPU(A100으로 추정)를 수천 개 사용해도 300일이 걸렸다고 한다. 만약 GPU의 성능이 100배로 향상되면 3일 만에 학습을 끝내게 된다. 엔비디아가 더 높은 성능의 GPU를 계속해서 개발하는 이유는 이 때문이다.

슈퍼컴퓨터용 GPU에서도 A100의 상위인 H100, 여기에서 더 나아가 H200, 블랙웰을 연이어 개발하여 생성형 AI와 같은 거대한 소프트웨어에도 대응 가능한 하드웨어를 구현했다.

한편으로 거대한 소프트웨어가 아니라 적당히 큰 소프트웨어를 쓰는 생성형 AI 시장도 형성되었다. 아마도 적절한 규모의 학습 매개변수를 가지는 소프트웨어 시장과 거대한 학습 매개변수를 가지는 소프트웨어 시장으로 나뉠 것이다. 앞으로 생성형 AI는 규모에 따라 시장이 형성될 듯하다.

엣지 AI 시장의 확대

소규모 AI는 개인이 사용하는 PC와 같은 엣지디바이스(Edge Device)로 확대된다. 인텔이나 AMD, 퀄컴 등의 기업은 PC용 프로세서에 AI 전용 회로를 집적한 칩을 일찌감치 발표했다.

7~8년 전 AI 개발 경쟁이 시작되었을 무렵엔, 방대한 데이터를 가르쳐야 해서 클라우드 컴퓨터가 아니면 AI를 학습시키기에 어려움이 있었다. 이후 AI의 학습 방법이 진화하면서 클라우드에서 학습 데이터를 커스터마이징할 수 있게 되었다.

[자료 10-3]의 접근 방식은 일반 AI에서도 사용 가능한 방법이다. 이 중에서 ③번처럼 이미 학습된 기반 모델에 사용자의 자체 데이터를 추가 학습시켜 독자적인 AI 서비스를 제공하는 방법을 엣지 AI에서도 활용할 수 있다. 이 방법은 PC처럼 연산 능력이 그리 높지 않은 디바이스에서도 독자적인 AI 서비스를 제공할 수 있다는 장점이 있다.

2024년 5월 마이크로소프트는 코파일럿 플러스 PC의 사양을 발표했는데, 퀄컴의 ARM CPU 코어 기반 SoC 칩이 PC의 사양을 충족한다고 밝혔다. 인텔도 이 사양을 만족하는 PC용 SoC 반도체를 발표했다. AMD도 계속 이어지기 때문에 마이크로소프트의 윈도우 PC는 코파일럿 플러스 기능을 탑재한 AI PC로 대체될 전망이다.

스마트폰에 관해서도 구글이 픽셀 8에 AI 전용 회로를 설치하여 다양한 편리한 기능에 AI가 쓰이고 있다.

애플도 아이폰에 AI 기능을 탑재하게 될 것이다. 스마트폰의 모바일 SoC 프로세서에 AI 전용 회로를 집적시키면 AI 기능이 추가된다.

다만 PC나 스마트폰에서 챗GPT와 같은 대규모 생성형 AI를 구현하지는 않을 것이다. 챗GPT의 1,750억 개 매개변수는 클라우드 컴퓨터 기반의 추론 기능을 채택했는데, PC나 스마트폰 같은 엣지디바이스에서는 좀 더 가벼운 소프트웨어로 제한된 기능의 생성형 AI를 구현하게 될 것이다.

챗GPT에 물어보다

챗GPT는 일반 공개되어 누구나 무료로 사용할 수 있다. 가장 주목 받는 점은 텍스트로 질문하면 거의 모든 질문에 대답해준다는 점이다.

필자도 챗GPT에 대답하기 까다로운 질문을 해보았다.

"GPT-3를 학습시키기 위해서 엔비디아의 GPU를 몇 대 사용했나요? 또 학습시키는 데 며칠이 걸렸나요?"

그러자 다음과 같은 대답이 돌아왔다.

"구체적인 숫자는 공식적으로 공개되지 않은 듯합니다만, 일반적으로는 GPT-3를 트레이닝시키려면 매우 큰 규모의 계산 자원이 필요합니다. 보통 대규모 딥러닝 모델을 학습시키는 데는 여러 대의 GPU가 사용됩니다. 엔비디아의 GPU가 몇 대 사용되었는지, 학습에 얼마나 시간이 걸렸는지는 오픈AI 측에서 공식적인 정보가 제공되지 않아 구체적인 수치를 알려드릴 수 없습니다.

다만 GPT-3의 학습 훈련은 수 주에서 수개월이 걸렸다고 알려져 있습니다. 이것은 GPT-3가 수십억 개 이상의 매개변수를 가지는 매우 큰 규모의 모델이며, 훈련에는 대량의 계산 리소스가 필요했다는 사실을 나타냅니다."

대답이 애매하기에 다시 한번 질문했다. '엔비디아의'라는 말을 삭제해보니 다음과 같은 답을 해주었다.

"GPT-3의 트레이닝에 사용된 구체적인 GPU 대수와 학습에 걸린 시간에 대한 정확한 정보는 공식적으로 제공되지 않았습니다. 다만 일반적으로 GPT-3와 같은 거대 언어 모델을 트레이닝하기 위해서는 수백에서 수천 대의 GPU가 사용됩니다. 학습에 걸리는 시간은 보통 수 주일에서 수개월에 이른다는 사실이 보고되어 있습니다.

구체적인 수치나 상세한 정보는 오픈AI에서 공식 발표되지 않는 한 추측에 의존할 수밖에 없습니다."

대답이 조금 바뀌었다. 이 두 개의 대답은 질문 방식에 따라서 답이 달라진다는 점을 보여준다. 질문을 제대로 잘하지 않으면 적절한 대답을 끌어낼 수 없다는 얘기다.

생성형 AI의 활용은 이제부터

그렇다면 생성형 AI는 실제로 어떤 용도로 활용할 수 있을까?

IBM은 자사 컴퓨터 '왓슨'을 기계학습으로 훈련시켜 퀴즈쇼에서 우승을 차지한 바 있다. IBM은 생성형 AI의 활용처를 Q&A 대응, 텍스트

및 영상 생성, 추출, 요약, 분류, 코드 생성, 6가지로 분류했다.

이 가운데 가장 먼저 사용되는 게 Q&A이지 않을까. Q&A는 필자가 챗GPT에 질문하고 답을 얻었던 것과 같은 식이다.

기업의 경우 생성형 AI를 활용하여 고객 문의에 대응하는 업무를 지원할 수 있다. 예를 들면 콜센터의 고객 대응 업무에 활용이 가능하다. 콜센터에서는 문의 내용에 따라 매뉴얼에서 적절한 응답을 생성하는 등의 업무를 수행한다. 콜센터 응답의 70%를 자동 생성했다는 사례도 있다. 즉 나머지 30%만 사람이 대응하면 된다는 얘기다.

기업이 지금까지 작성했던 FAQ 등의 대응 매뉴얼이나 그 기업만의 고객 데이터 등을 생성형 AI에 추가로 학습시키면 문의 업무를 지원할 수 있다.

신입사원 연수에도 활용하는 생성형 AI

신입사원 연수에서도 연수 매뉴얼 등의 데이터를 생성형 AI에 학습시켜 사용하는 사례가 있다. 또 생성형 AI를 사용해 고객사별로 고유의 영업 노하우를 애플리케이션 소프트나 챗봇에 적용하는 사례도 있다고 한다.

IBM의 고객에게서는 문장 생성 시에도 용도별로 나누어 쓰니 더 편하다는 반응이 나온다고 한다. '문장 전체를 생성할 때', '요약문을 생성할 때' 등으로 용도와 상황에 따라 고객이 사용할 모델을 선택한다.

IBM에 따르면 큰 모델보다 용도에 맞게 작은 모델을 쓰는 쪽이 환경 부하나 비용 면에서 부담이 적어 고객에게 좋은 평가를 받고 있다고 한다.

AI 어시스턴트로 진화하는 생성형 AI

AI 어시스턴트로서의 활용도도 커질 수 있다. AI 어시스턴트는 마치 동료처럼 일할 수 있는 AI다.

NTT데이터와 일본 IBM은 2030년 무렵의 보험 영업 상황을 가정해, 영업활동 시 직원의 의도를 이해하고 여러 작업을 수행하는 어시스턴트를 구상하고 있다. 잠재 고객 선정, 수요 촉진, 제안, 계약 신청 등 각 단계의 업무를 AI가 돕는다는 구상이다.

현재 IT화 되어 있는 영업에서는 챗봇, RPA, 엑셀 매크로 기능, BPM, AI 중에서 어떤 툴을 사용하면 효율적인지를 직원이 판단한다. 다만 담당 직원이 각각의 툴 사용법을 다 알아야 한다는 점에서 부담이 될 수도 있다.

이럴 때 생성형 AI의 오케스트레이션 툴을 사용하면 직원의 의도를 이해하고 각종 자동화 툴을 최적의 순서로 사용해서 결과물을 도출해 준다고 한다. 말하자면 가상의 지적 노동자로서 업무를 보조하는 역할을 하는 것이 AI 어시스턴트다.

환자에게 맞는 최적의 약을 신속 개발

엔비디아는 첨단 바이오테크놀로지 기업 제넨텍과 공동으로 새로운 치료약 개발을 지원하고 있다. 신약 개발에서 제넨텍의 자체 알고리즘을 고속으로 계산하기 위해, 엔비디아가 보유한 AI 슈퍼컴퓨터 엔비디아 DGX 클라우드를 사용한다. AI 슈퍼컴퓨터를 사용해 신약 모델 계산을 빠르게 진행할 수 있다.

엔비디아는 9~10장에서도 소개한 엔비디아 바이오네모를 제넨텍에 제공한다. 제넨텍은 자사 모델을 다른 신약 개발에도 확대할 수 있도록 커스터마이징하여 바이오네모의 클라우드 API를 신약 개발 계산 시스템에 적용한다.

제넨텍은 바이오 연구자들이 복잡한 바이오 분자 구조 패턴과 신약 개발의 관계를 이해하고, 연구 개발 속도를 높일 수 있기를 기대하고 있다. 시행착오를 거듭하는 기존의 접근 방식이 아니라, 계산기를 사용한 체계적인 접근 방식을 통해 더 빨리 환자를 치료해 의료 생태계에 발전을 가져다주게 된다.

이러한 사례를 보면 'AI가 인간의 일자리를 빼앗는다'기보다 많은 인원이 필요한 업무를 대신해줘서 인력을 늘리지 않고도 업무가 해결될 듯하다.

인간의 욕망이 계속되는 한 그 욕망에 대처하기 위한 업무는 늘어난다. 일본을 비롯한 많은 국가의 인구가 감소되고 있는 상황인데, 그렇기에 더더욱 AI를 제대로 활용해야 한다. 그렇지 않으면 늘어나는 업무에 대응하지 못한다. 적절한 IT(AI, IoT, DX, 디지털화 등)를 시대에 뒤처지지 않고 도입하면, 업무 부담이나 노동 시간을 덜게 된다. 앞으로는 AI를 잘 활용하는 일이 비즈니스맨에게 필요한 덕목이 될 듯하다.

뭐든지 학습한다

생성형 AI는 질문하면 무엇이든 대답해준다. 이것이 기존 AI와의 큰 차이점이다. 그런데 무엇이든 대답해준다는 말은, 무엇이든 학습시켜야 한다는 뜻이기도 하다.

생성형 AI는 정치, 경제, 금융, 수학, 사회, 역사, 지리, 체육, 과학이나 화학, 물리, 생물학, 광학, 건축학, 경영학, 토목공학 등 우리가 학교에서 배워온 지식을 포함해 방대한 양의 사건 사고와 단어 등을 학습한다. 또한 잘 알다시피 바둑, 장기, 퀴즈 같은 것도 학습한다.

챗GPT를 사용해보고 놀랐던 점은 전자회로의 동작을 물었을 때도 대답해준다는 것이다. 전자회로에 대해서도 방대한 지식을 학습시킨다는 사실을 알 수 있다.

생성형 AI가 더 발전하면 학습시킬 데이터가 더 방대해져 학습 매개변수가 1조 개를 넘을 거라고 한다.

방대한 양의 지식을 학습시키는 데는 막대한 시간이 걸린다. 학습에 필요한 시간을 최대한 짧게 줄이려면 컴퓨터의 성능을 높여야 한다. 그러기 위해서는 반드시 고성능 반도체가 필요할 것이다.

반도체의 성능이 더욱 좋아져 모든 내용을 학습해나가면 궁극적으로는 범용 AI로 이어질 것으로 본다.

제 11 장

과거의 AI, 현실의 AI, 미래의 AI

AI 제대로 이해하기

세상에는 AI를 과신하는 사람이 있는 반면, 극도로 우려하는 사람도 있다. 양쪽 모두 AI를 제대로 이해하지 못한 듯하다.

인공지능(AI)이라는 단어는 하루아침에 생긴 단어가 아니다. 50년도 전에 자동으로 움직이는 기계를 가리켜 마음대로 인공지능이라고 부르는 광고가 있었다. 이후 엔지니어들 사이에서는 'AI는 어설픈 것'이라고 씁쓸하게 생각하는 분위기가 퍼져나갔다.

물론 AI라는 단어에 신중한 태도를 보이는 기업도 있었다. 예를 들면 IBM이다. IBM은 컴퓨터에 다양한 데이터를 학습시킨 기계 '왓슨'을 코그니티브(인식 또는 인지) 컴퓨터라 불렀다. 2011년, 왓슨은 미국의 TV 퀴즈 프로그램에서 인간 챔피언을 꺾었다. 이때 필자는 IBM의 엔지니어에게 왜 AI라고 부르지 않느냐고 물었다. 엔지니어에 따르면 'AI 컴퓨터'라는 표현을 쓰면 엉터리로 만든 컴퓨터라고 인식될 우려가 있다는 것이었다. 이 때문에 IBM은 AI 컴퓨터라는 말 대신 코그니티브 컴퓨터라는 표현을 썼다.

하지만 이제 많은 엔지니어와 연구자들이 '인간의 뇌 구조를 모방한 신경망 모델이며 기계학습이나 딥러닝을 시킨 컴퓨터 기술'을 'AI'라 부르기 시작하면서, IBM도 AI라는 단어를 사용하게 되었다.

AI, 만능열쇠가 아니다

AI에 데이터를 학습시키면 다양한 것을 분류할 수 있다. 그래서 생성형 AI가 생기기 전까지는 AI를 '분류 기술'이라 부르는 연구자도 있었다. 그런데 컴퓨터에 거대한 데이터를 수백 일에 걸쳐 학습시킴으로써 텍스트나 영상, 음악을 분류뿐만 아니라 생성할 수 있게 되었다.

엔비디아는 'i am ai'라는 영상을 제작해 여러 행사에서 공개했는데, 영상 끝부분에 오케스트라가 연주하는 장면이 있다. 여기에 나오는 곡을 생성형 AI가 작곡했다고 한다. 다양한 오케스트라 음악 데이터(인간의 감정에 따라 슬픈 곡과 즐거운 곡, 활기찬 곡 등 대량의 데이터)를 학습시켜 "장엄한 곡을 만들어 줘"라고 말하면 그런 느낌의 곡을 악보에 써준다.

요컨대 컴퓨터에 무엇을 학습시키는지에 따라서 만들어 낼 수 있는 기능은 달라진다는 말이며, AI가 뭐든지 다 할 수 있는 게 아니라는 사실을 나타낸다. 컴퓨터에 소설을 대량으로 학습시켜서 소설을 만들어

내는 생성형 AI도 있는데, 그 AI는 소설을 쓰는 일 외에는 하지 못한다.

용도별 전용 AI는 범용 AI와 달리 해당 용도에 관련된 분야만 학습하면 충분하다. 바꿔 말하면, 학습 규모가 작아서 PC나 스마트폰 등의 단말기에도 탑재할 수 있다. PC나 스마트폰에도 용도별 전용 AI 기술이 탑재될 날이 머지않았다.

i am ai로 살펴보는 여러 용도별 AI

엔비디아의 2024년 버전 〈i am ai〉 영상([자료 11-1])에서는 AI가 용도별로 쓰이는 상황을 보여준다(유튜브 "I Am AI | NVIDIA GTC 2024 | Official Keynote Intro").

영상은 "i am a visionary"로 시작한다. 은하계 우주의 시작을 시각화해 보여주거나 태풍이 다가오는 기상 상황을 시각화한다는 의미로, AI를 '시각화하는 존재'로 표현했다.

그다음에 나오는 "i am a helper"에서는 시각 장애인을 대신해 일하는 고글, 질병으로 인해 말을 하지 못하는 환자의 뇌파를 읽어 모니터 화면상에 문장으로 보여주는 데모 영상이 흘러나온다. 'helper'라는 말은 신체 일부가 불편한 사람을 도울 수 있다는 의미에서 쓰였다.

"i am a transformer"라는 대사에서 '트랜스포머(변환기)'는 동력 에너지를 변환해 저장하거나 꿈의 청정에너지라 불리는 핵융합 기술로 변환하는 기술로 해석된다.

자료 11-1 i am ai GTC 2024의 영상

"i am a trainer"라는 장면에서는 트레이너로서 로봇을 학습시켜 팔을 움직이기 힘든 환자의 재활을 돕는 상황을 표현하고 있다. 또 위험을 감지하는 로봇, 생명을 구하는 의사를 연수시키는 역할도 담당한다는 의미로 등장한다.

"i am a healer"라고 나오는 장면에서는 환자가 "본인에게 페니실린을 사용해도 괜찮은지" 태블릿 단말기를 통해 질문하자 AI가 "문제없습니다"라고 대답하는 상황을 연출하며 새로운 세대의 치료 패러다임을 제시한다.

"i am a navigator"에서는 "혼잡한 도시의 도로를 작성해 줘"라고 입력하자 가상 도시의 도로를 주행하는 장면이 그려진다. 자율주행으로 안전하게 도로를 달리려면 이런 도로 상황도 그려볼 필요가 있다. 길가에서 갑자기 사람이 튀어나와도 안전하게 운전하기 위한 시나리오를 구현한다.

마지막에 나오는 오케스트라에는 아무런 설명도 없지만, 이전 버전 영상에서는 "i am a composer"라는 말이 나왔었다. 흘러나오는 음악을 작곡했다는 의미다. 그리고 마지막 화면에서 "i am ai"라는 단어로 마무리한다.

분야마다 있는 AI

3분 30초짜리 짧은 영상이지만 AI가 여러 가지 역할을 할 수 있다는 점을 보여준다. 다만 오해하지 말아야 할 사실은 하나의 AI로 이 모든 일이 가능한 것은 아니라는 점이다. 용도에 맞게 여러 AI가 만들어 지고 그 각각의 AI가 인간 사회에 도움을 준다.

보는 관점을 달리하면, AI를 사용함으로써 지금까지 불가능했던 일이 가능해지는 분야가 있다는 얘기다. 재활을 돕거나 시각 장애인 안내견 역할을 대신하는 등 AI가 보조 역할을 함으로써, 할 수 없었던 일을 할 수 있게 된다.

클라우드에서 사용하는 대규모 AI부터 PC나 스마트폰에서 쓰는 소규모 AI까지, 용도에 따라 전용 AI를 만들면 각각의 분야에서 인간을 도울 수 있다.

또 하나 중요한 사실은, AI는 인간의 일을 빼앗는 것이 아니라 업무의 일부를 맡아주는 역할을 담당한다는 점이다. AI의 본질은 '인공적으로 만들어 낸 지능(Artificial Intelligence)'이 아니라 '지능을 보조하는 존재(Augmented Intelligence)'라고 IBM은 강조했다. AI는 먼 미래의 기술이 아니라 가까운 미래의 기술인 것이다.

밝은 미래를 반영하는 현실의 AI

다가올 미래에는 AI가 필수적이라는 점을 시사하는 예시가 있어 소개하겠다.

일본은 저출산 고령화라는 크나큰 문제를 안고 있다. 인구 감소와 노동력 감소가 심각해지고 있어, 세계 경제가 성장하는 가운데 일본은 정체를 거듭하고 있다. 이런 문제를 해결하기 위해서는 AI가 없어서는 안 된다.

먼저 자율주행 사례를 살펴보겠다.

2023년 5월, 일본 지바현 가시와시에 있는 도쿄대 가시와캠퍼스에서 소프트뱅크의 100% 자회사인 볼드리(BOLDLY)가 자율주행 실험을 진행했다. 완전자율주행에 가까운 레벨 4로 실시한 실험이다. 레벨 4는 운전자가 없는 자율주행 단계이기는 하지만, 원격 감시 시스템이 필요하다는 제한 조건이 있다.

이 때문에 자율주행 차량에 원격 감시 장치를 장착해야 한다. 볼드리는 원격 감시 장치인 디스패처(Dispatcher)를 개발해 에스토니아의 스

자료 11-2 레벨 4 자율주행 차량, 미카

타트업 오브텍(Auve Tech)으로부터 도입한 자율주행 버스 미카(MiCa)([자료 11-2])에 탑재했다. 이 원격 감시 장치로 차량의 주행은 물론이고 차내 상황도 모니터링해 승객의 승하차 상태를 확인할 수 있다.

볼드리가 오브텍의 차량을 도입하기로 한 이유는 좌측통행 방식인 일본의 교통 환경에 맞추어 차량을 제작해주었기 때문이다. 운전석이 우측에 있고 차선은 좌측으로 주행하는 일본에서는, 승객이 오르내리는 승하차 도어가 버스 차체의 왼쪽에 있다. 자율주행 차량에는 운전자도 핸들도 필요 없지만 일본의 교통 상황에 맞게 왼쪽 문에서 승하차하도록 제작했다.

오브텍은 2017년에 창업한 스타트업이다. 에스토니아 유명 대학인 탈린공과대학의 프로젝트에서 출발해 자동차 딜러를 비롯해 다양한 기업과 협업하면서 '미카'를 개발하게 되었다. 탈린공과대학이 이러한 프로젝트 개발을 하기로 한 것은 대학 창립 100주년을 기념한 행사 때였다고 한다.

오브텍이 개발한 차량은 일본 이외에 이미 유럽과 중동 10곳에서 자율주행 실증실험용으로 이용되고 있다. 유럽용 차량은 우측통행에 맞춰 모두 오른쪽에 도어가 있다.

자율주행 차량에는 카메라 8대, 라이다(레이저 신호를 쏘아 거리를 계산해서 사물을 인식하는 기술-옮긴이) 7대를 탑재해 센서에서 보내는 데이터를 바탕으로 주위의 장애물(다른 자동차나 자전거, 사람 등)을 AI가 판별한다. 이들 센서는 차량 주변 100~200m까지 인식할 수 있다고 한다. 주행할 도로를 미리 AI로 학습시켜 달리는 도로가 정확한 길이 맞는지도 AI가 판단한다.

일본 관동지방 이바라키현 사카이마치에는 고령자가 많아 이동에 불편을 느끼는 사람이 적지 않았다. 처음에는 프랑스의 자율주행 차량을 도입해 실증실험을 진행했다. 그리고 2023년 5월에 오브텍의 미카를 도입하기로 결정, 2023년 12월에 미카를 추가 도입했다고 한다. 2024년 2월부터는 소형 버스 등 총 8대를 운행하며 운전자 부족 문제에 대응하고 있다.

자율주행 기술의 범위는 버스 운행에만 국한돼 있지 않다. 트럭 운전자가 부족한 경우에 한 명의 운전자가 여러 대의 트럭을 군집 주행시키는 실험도 유럽에서 시작되었다. AI가 노동력 부족 문제를 보완해줄 가능성을 품고 있다는 예시다.

AI로 교통체증을 해소하는 신호기

다음은 신호기 관련 사례를 소개하겠다.

미국 워싱턴DC 인근에서 적응형 교통 신호기의 실험이 시작되었다. 적응형 교통 신호기란 교차로에서 교통량이 많은 도로와 적은 도로를 AI 카메라로 판단해서, 교통량에 따라 신호등의 점등 시간을 자동으로 조절하는 기계를 말한다.

카메라로 도로를 촬영해 AI가 자동차 대수를 세는 방법으로 교통량을 판단한다. 자동차 수가 많으면 청색 신호의 점등 시간을 길게 하고 적으면 짧게 한다. 적응형 신호기가 교통체증을 해소하는 데 큰 역할을 할 것으로 기대되고 있다.

10년도 지난 일이지만, 인도의 엔지니어와 대화할 기회가 있었다. 당시 그들은 적응형 신호기와 비슷한 아이디어를 갖고 있었다. 도로에 센서를 심어서 자동차 수를 센다는 구상이었다. 하지만 도로에 센서를 심으려면 비용이 들고, 공급 전원이나 유지보수 등의 비용도 추가된다. 그래서 실현되기가 어려웠다.

그러나 지금은 자동차와 사람, 자전거 등을 판별하고 분류 가능한 AI

가 존재한다. 카메라로 도로를 촬영한 이미지에서 AI가 자동차를 검출해 판별하고 자동차 수를 센다. 지금까지 대량으로 학습시켜 온 데이터를 사용할 수 있기 때문이다. 이 학습 데이터를 바탕으로 AI가 자동차 수를 센다. 도로에 센서를 심는 방법에 비해 비용도 저렴하다. 적응형 신호기는 드디어 현실이 되고 있다.

어린이 차량 방치 사고 예방

뉴스 등을 보다 보면 유치원 통원버스 안에 방치된 어린이가 사망하는 사고가 가끔 발생한다. 이런 사고를 방지하는 데도 AI 활용이 가능하다.

카메라와 센서, AI 기술을 사용하면 차량 내에 아이가 남아 있는지 판단할 수 있다. 그뿐만 아니라 통원하는 아이의 얼굴을 AI에 학습시켜 미리 등록해두면, 남아 있는 아이가 누구인지도 알아낸다. 등록된 얼굴 데이터에서 AI가 추론하여 인물을 특정한다.

하차 후 차량 내에 남아 있는 아이를 레이더 등이 검출하고 카메라 영상으로 누가 남아 있는지 판단해, 유치원 선생님과 해당 아동의 부모에게 스마트폰 앱을 통해 알림도 가능하다. 부모에게도 긴급 상황을 알리면, 바로 유치원에 연락해 아이를 위험에서 구해낼 수 있다.

개인 맞춤형 의료에 필수적인 AI

아직 실험조차 시작되지 않았지만, 엔비디아의 툴을 활용하면 앞으로 개인 맞춤형 의료의 길이 열리게 된다.

지금까지는 '이 질병에는 이 약이 효과가 있을 가능성이 크다'라는 통계적 데이터밖에 없었다. 그 통계 데이터를 모든 환자에게 끼워 맞춘 셈인데, 현실에는 다양한 질병이 있고 개인별로 효과가 있는 약이 있고 없는 약이 있다. 또 사람마다 면역력에도 차이가 있어 질병에 잘 걸리는 사람과 잘 걸리지 않는 사람이 있다. 환자에게 어떤 약이 효과적일지는 검사 데이터와 같은 체내의 다양한 정보를 수집해서 종합적으로 판단하게 되는데, 이는 오랜 학습을 통해 쌓은 의사의 경험 데이터를 바탕으로 한다.

인간의 체내에는 여러 장기가 있다. 어떤 장기의 상태가 나쁜지, 그 장기의 무엇이 어떻게 되어 있기에 통증이나 출혈 같은 문제가 생겼는지를 명확히 밝히지 않으면 효과적인 치료법을 정할 수 없다. 많은 데이터가 필요한 의료 분야는 AI 활용에 적합하다. 복잡한 작업일수록 AI가 유용하게 쓰인다.

미래의 개인 맞춤형 의료에서는 유전자 분석 툴을 사용해서 환자 개인의 유전자 정보를 얻고, 그 유전자 정보에 근거해 환자별로 최적의 약과 치료법을 추천해준다. 물론 유전자와 가장 잘 맞는 약의 관계를 알아야 하므로 지금 당장 가능한 일은 아니다.

치료약 분야에서는 신약 개발 지원 툴을 사용해 개발 기간을 단축할 수 있다. 또 장기의 영상을 분석하는 데 AI를 도입하면 건강한 장기와 그렇지 않은 장기를 판별해낸다. 수술에서도 AI를 활용해 최대한 손상이 적은 수술이 가능하다. 의료 분야에서 AI가 활약할 영역은 무궁무진하다.

윤리를 바탕으로 한 학습 수행

많은 분야에서 AI가 유용하게 쓰이지만, 관공서나 대기업에서는 'AI는 위험하니 규제하자', 'AI는 쓰지 말자'라는 의견이 많이 나온다. IT나 AI에 대한 알레르기는 관공서나 대기업이 더 심한지도 모르겠다.

본질을 이해하지 않은 채로 무조건 AI를 멀리하고 꺼린다면 어느 국가든 뒤처질 게 뻔하다. 물론 규제도 중요하니 인류에게 도움이 되는 일에만 한정해서 AI를 사용한 신제품이나 서비스를 개발해야 하겠지만, AI 활용을 금지하는 것은 곧 몰락을 의미한다.

그렇다면 AI를 어떻게 발전시켜야 할까?

IBM이 하나의 예시를 제안했다. IBM의 AI용 소프트웨어 '왓슨x 플랫폼'은 AI 모델 학습, 데이터 처리에 더해 '왓슨x.거버넌스'라는 툴로 구성되어 있다([자료 11-3]). 거버넌스의 특징은 공정성 문제나 편견, 드리프트(사회 규범으로부터의 일시적인 일탈) 등 윤리에 반하는 일을 감지하기 위한 작업 흐름을 짜 넣었다는 점이다. 이 작업 흐름을 자동화하면 리스크를 관리해 AI를 안전하게 사용할 수 있다.

대시보드에서는 데이터가 시각화되어 있다. 입력되는 모델 수나 승인

왓슨x

기반 모델을 비롯한 AI 모델을 활용·구축하여 기업의 독자적인 가치 창조를 지원

왓슨x.ai
AI 활용·구축을 위한 기업용 스튜디오

왓슨x.거버넌스
데이터와 AI 쌍방의
거버넌스·툴 키트

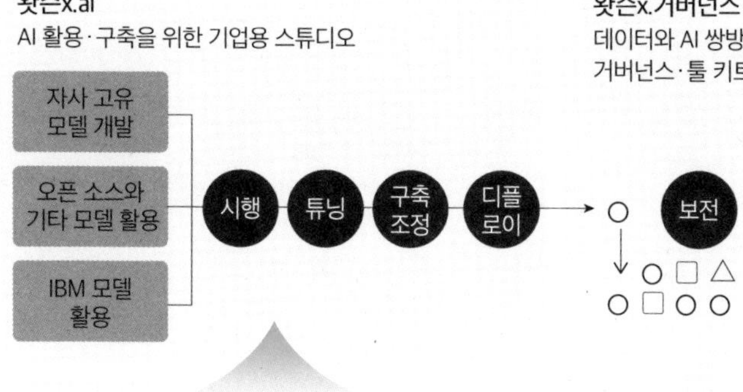

왓슨x.데이터
자사 고유 데이터 관리 일원화·활용

- 왓슨x.ai

기업만의 경쟁력과 차별화를 유지하기 위해 기반 모델을 비롯해 다양한 AI 모델을 활용·구축 가능

- 왓슨x.데이터

AI를 비즈니스의 모든 영역에서 활용하기 위해 흩어진 데이터를 일원화해 관리하고 활용 가능하도록 가공하는 구조를 제공

- 왓슨x.거버넌스

신뢰할 수 있는 AI 구축을 지원하는 데이터와 AI 쌍방의 거버넌스를 포함한 툴 키트로, 책임 있는 투명성·설명 가능성을 확보한 AI 작업 흐름을 구현

자료 11-3 왓슨x 기반 AI 모델을 활용·구축하여 기업의 가치 창출 지원

된 모델 수, 측정 결과를 초록색, 노란색, 빨간색, 회색으로 표시하면 문제 있는 모델과 데이터는 빨갛게 표시되고 인증된 모델과 데이터는 초록색으로 표시된다. 상황을 시각화해서 관리할 수 있는 점이 특징이다.

'왓슨x.거버넌스'의 목적은 신뢰 가능한 AI 구축을 지원하는 것이며, 데이터와 AI의 양쪽이 거버넌스를 포함한 툴 키트로 되어 있다. 이런 툴 키트를 통과한 AI의 작업 흐름은 신뢰성이 있어 투명성과 설명 가능성을 확보할 수 있다.

엔비디아도 윤리를 따르는 신뢰 가능한 AI를 구축하기 위한 가이던스를 만들었다. 개인정보 보호와 안전성, 보안, 투명성, 비차별화(편견을 최소화하는 구조) 등을 고려했다. 예를 들면 '엔비디아 옴니버스 리플리케이터'는 의도하지 않은 편견을 줄이고 개인정보를 보호해주는 툴이며, '네모 가드레일'은 LLM을 이용한 애플리케이션이 정확하고 적절하며 보안성이 있는 점을 확인하는 툴을 제공하고 있다.

AI에 대한 규제의 목소리는 높아지지만 규제를 강화하는 데 주력하면, 이제 막 시작된 AI 개발이 크게 뒤처질 우려가 있다. 코로나19 당시 일본의 관공서와 보건소 등에서 IT화가 뒤떨어져 있다는 사실이 명백히 드러났듯이, 일본은 이제 IT 후진국이다. 규제를 강화하기 전에 AI를 발전시키면서 악용되지 않는 구조를 만드는 방향을 내놓아야 한다.

IBM이나 엔비디아의 툴과 같은 AI 모델의 건전성을 평가하는 툴을 정부나 제3자 기관이 확인하거나 인증 마크를 발행해서 안전성을 담보

해야 한다. 정부와 민간이 협력해서 IT 후진국에서 벗어나는 일을 최우선으로 삼아야 할 것이다.

젠슨 황, 10년 단위로 생각하는 사람

엔비디아는 게임 컴퓨터 그래픽에서 AI로 사업을 전개해왔는데, 1993년 창업 당시는 공동 창업자인 젠슨 황과 크리스 말라초스키, 커티스 프리엠도 AI까지 오게 되리라고는 생각조차 못했던 것 같다.

2017년 11월 16일 호 〈포천〉지에 실린 기사를 참고삼아 소개하겠다.

말라초스키와 프리엠은 원래 선마이크로시스템스의 엔지니어였는데, 회사 내 정치 싸움에 신물이 나 있었다. 젠슨 황은 LSI로직의 디렉터로 일했는데 컴퓨터 기술의 다음 파도는 그래픽 기반 컴퓨팅이라 확신하고, LSI로직을 나와 스타트업을 만들었다.

엔비디아의 최초 입사자이자 영업사원 출신으로 현재 수석 부사장인 제프 피셔는 "처음엔 작은 사무실에서 시작했다. 화장실은 다른 회사와 공동으로 썼고 탁구대에서 점심을 먹었다"라고 당시를 회상한다.

첫 제품인 NV1을 1995년에 완성했으나 3차원 그래픽 카드는 잘 팔리지 않았다. 제프 피셔에 따르면, 회사를 더 키우기 위해서는 PC 부품을 교체하는 것 이상의 부가가치가 필요하다고 모두가 느끼고 있었다. 범용 제품보다는 부가가치가 높은 제품을 개발해야 했다는 것이다.

엔비디아는 1999년 나스닥 상장 때 세계 최초의 본격적인 GPU라 할 수 있는 지포스 256을 발표했다. 2006년에는 병렬 처리 컴퓨팅 아키텍처의 소프트웨어를 도입해 연구자들이 수천 개나 되는 GPU를 동작시킬 수 있게 했다.

물론 시련도 있었다. 앞에서 설명했듯이 모바일 태블릿용 SoC 프로세서인 테그라를 개발했을 당시, 모바일용으로 모토로라를 채택했으나 폭발적인 인기는 끌지 못했다. 그래서 차량용으로 방향 전환을 시도하게 된다. 그리고 영역을 넓혀 국방산업과 에너지, 금융산업, 헬스케어, 제조업, 보안 등의 분야로 확대해나갔다.

그렇다면 엔비디아가 시장의 침체에도 견뎌내는 힘을 기르게 된 열쇠는 무엇일까?

엔비디아 옴니버스 및 시뮬레이션 기술 부문 부사장인 레브 레바레디언(Rev Lebaredian)은 다음과 같이 말한다. "그래픽 기술의 가능성에 강한 확신을 가졌던 젠슨 황이라는 리더가 있었기 때문이다. 그는 10년 단위로 생각하는 능력을 갖추고 있다. 당시엔 자율주행 차량을 예상하지 못했고 AI 시대가 오리라는 것도 몰랐겠지만, 그래픽 컴퓨팅에는 강한 확신이 있었다."

정말로 거의 10년마다 상황이 크게 변하고 있다. 지금의 AI 기술은 2012년의 알렉스넷을 계기로 발전했고, 10년 뒤인 2022년에는 대량의 데이터를 학습시킨 생성형 AI 챗GPT가 등장했다. 그렇다면 다음 10년 후에는 또 어떤 미래가 기다리고 있을까?

캘리포니아공대 졸업식 축사에서 말한 미래지향

2024년 6월, 젠슨 황은 대만에서 개최된 '컴퓨텍스 타이베이 2024'에 참석한 후 귀국해 캘리포니아공대(칼텍)에서 졸업식 축사를 했다. 그리고 그 모습이 영상으로 공개되었다(유튜브 "Caltech's 130th Commencement Ceremony"). 연설에서 젠슨 황은 다가올 시대에 중요한 과학기술은 AI이며 그 변화의 속도는 놀라울 정도로 빠를 것이라고 말했다.

또 "CPU의 스케일링(비례 축소=미세화) 속도는 더디어졌으나 컴퓨터 연산 능력 고도화에 대한 수요는 기하급수적으로 늘었다"라고도 말했다. 반도체 미세화 기술의 발전 속도는 상당히 느려져, 한 칩당 성능도 포화 기미를 보이고 있다.

사회가 AI화 되기 시작하면서 컴퓨팅 능력에 대한 수요가 높아지는데, 반도체 미세화 기술은 한계 상태에 이르고 있다. 젠슨 황은 수요와 기술의 간격이 벌어지는 상황을 가리켜 컴퓨팅 인플레이션이 일어나고 있다고 표현했다.

그러면서 젊은이들을 향해 "앞으로는 대량의 GPU를 사용해 컴퓨터를 만들어야 한다. 향후 10년 안에 딥러닝 기술은 재발명될 것이다"라는 메시지를 보

자료 11-4 칼텍에서 연설하는 젠슨 황

냈다. 반도체 미세화 기술 수준과 컴퓨팅 파워 요구 수준의 간극을 메우기 위해 당분간은 GPU를 대량으로 사용하게 될 테지만, 그런 힘겨운 방식이 아닌 전혀 새로운 AI 전용 기술이 탄생하리라고 젠슨 황은 기대한다.

그가 칼텍 졸업생들에게 보낸 축사는 미래를 향한 메시지라 해도 좋다. 젊은 학생들은 앞으로 번뜩이는 아이디어를 내어 사회를 새롭게 변화시킬 가능성을 품고 있다. 칼텍 졸업생들에게 이를 실현해달라는 기대감을 표한 것이다.

젊은 신입 엔지니어가 능력을 발휘하는 건 아마도 2024년의 10년 후인 2034년부터 2040년 정도일 것이다. 딥러닝 기술이 10년 후인 2030년대에 재발명된다고 보면, 범용 AI가 등장하는 싱귤래리티 시대의 도래도 그즈음이지 않을까? 2040년부터 2045년까지 싱귤래리티 시대에는 인간의 뇌세포와 기계의 뉴런 연산기 수가 거의 대등해진다. 그걸 가능케 하는 것은 GPU를 새롭게 정의한 하드웨어(반도체 칩)일지도 모르겠다.

이날의 연설에서 젠슨 황은 물리학자 리처드 파인먼이 말한 '지적인 성실함과 겸손함'이 회사를 살렸다고 전했다.

지적인 정직함이 있어야 문제가 생겼을 때 솔직하게 상황을 받아들이고 불량을 확인해 개선하는 일로 이어지기 때문이다. 거짓말을 하거나 숨기려 하면 문제 상황을 정확히 파악하기 힘들다는 사실을 잘 알기에 그런 일을 만들지 않겠다는 자세가 엔비디아의 기업 문화로 이어졌는지도 모른다. 마지막으로 그는, 새로운 무대에서 활약할 학생들을 위해 지적 정직함(Intellectual honesty)이 중요하다는 점을 강조하고 앞으로의 인생을 즐기라고 조언했다.

agreement가 아니라 alignment

필자는 오랜 기간 엔비디아를 취재해오면서 엔비디아만의 남다른 기업 문화를 절실히 느꼈는데, 일본뿐만 아니라 다른 미국 기업과도 차이가 있는 듯하다. 엔비디아의 기업 문화는 미래의 비즈니스 방식을 제시한다고 해도 좋다.

엔비디아의 일본 법인 대표 겸 미국 본사 부사장인 오사키 마사타카가 닛케이산업신문에 기고한 칼럼을 보면 엔비디아를 더 깊이 이해하는 데 도움이 된다. 이는 필자가 지금까지 취재해 온 엔비디아의 모습과도 겹쳐졌다.

엔비디아에는 세계 각지에서 다양한 사람들이 모여 일한다. 따라서 개개인의 생각과 의견도 천차만별이지만 서로 다름을 인정하고 존중하는 문화가 있다. 본래의 다양성이다.

직원 한 사람 한 사람의 의견이 다르기에 "모든 것에 찬성(agreement)하기는 불가능하겠지만 최종적으로는 회사의 방향에 합의(alignment)한다"라고 오사키 부사장은 말한다(2022년 9월 22일자 〈닛케이산업신문〉). 엔비디아에서는 1년에 2번 전 세계에서 리더십 팀이 모여 전략을 논의한다. 회의 서두에서 황 CEO는 멤버 전원에게 'agreement가 아니라 alignment할 것'을 주문한다고 한다.

오사키 부사장은 칼럼에서 다음과 같은 사례를 들었다. "2013년에 엔비디아가 AI에 크게 투자하기로 결정했을 때가 바로 직원들이 전략에 합의한 시점이었다. '우리만의 기술로 사회의 과제를 해결한다'라는 이념을 바탕으로 수립된 전략을 받아들이고 각 조직 단위에서 실행하게 된다."

'각 조직 단위에서 실행한다'라는 말은 AI에 주력한다는 합의에 따라 모든 프로젝트가 움직인다는 의미다. 황 CEO가 "우리 회사에는 보스가 없다. 보스는 프로젝트다"라고 말한 사실은 1장에서도 소개한 바 있다. 상사의 지시가 아니라 프로젝트에 대한 합의를 통해 전 직원이 움직이는 것이 엔비디아의 문화다.

AI 분야에서 승기를 잡으려면

2023년 12월, 엔비디아의 젠슨 황은 일본 총리 관저에서 당시 기시다 후미오 총리와 면담했다. 일본 정부는 생성형 AI 등에 필요한 GPU를 최대한 많이 공급해줄 것을 요청했다고 한다.

2024년 2월 22일자 〈닛케이산업신문〉에서 오사키 마사타카 부사장은 일본 정부와 대화의 자리를 갖고 일본에서 AI를 발전시키는 데 필요한 시책을 다음 세 가지로 정리해 일본 정부에 전달했다고 밝혔다.

① AI·R&D센터 설립

② 스타트업에 대한 지원 강화

③ AI 교육 지원을 위한 'AI 아카데미' 출범

세계 각국이 생성형 AI를 계기로 AI 데이터센터를 세우고 있다. AI가 각국의 데이터 주권을 쥐고 있다는 의미에서 오사키 부사장은 다음과 같이 언급했다고 한다. "국가의 데이터는 자산이다. 이를 자국 내에서 AI라는 지능으로 전환하고 자국의 언어와 문화를 담아 독자적인 AI를 만들고 있다. 세계 각국은 그 중요성을 이해하고 국가 차원에서 추진하려 하고 있다."

그렇다면 일본은 어떻게 해야 할까. 앞에서 말한 세 가지가 그 답이다. AI를 어떻게 활용해야 하는지에 대해 오사키 부사장은 구체적인 예를 들었다.

"소버린 AI(sovereign AI)는 각국의 데이터 주권 AI를 말한다. 국가의 데이터는 자산이며 이를 자국 내에서 AI라는 지능으로 전환한다. 자국의 언어와 문화를 담아 독자적인 AI를 완성한다. 각국은 그 중요성을 이해하고 전 세계에서 정부 차원의 추진 속도를 높이고 있다.

예컨대 일본의 강점 중 하나인 메커트로닉스 관련 데이터를 주권으로 갖고 AI를 완성한다. 이것을 메커트로닉스에 이식하면 일본 산업의 커다란 강점이 되리라는 것은 어렵지 않게 상상할 수 있다."

일단 AI 데이터센터를 만들어 젊은 층은 물론 누구나 사용할 수 있게 하고, 거기에서 생겨나는 제품이나 서비스 개발에 집중하는 것이 중요하다.

생성형 AI는 일본의 제조 공장이나 유통, 소매, 의료 등의 분야에서 위력을 발휘한다. 공장에서는 자동 검사 장비가 끊임없이 움직여 정밀도를 자동으로 높인다. 즉 학습해나간다. 유통에서는 창고의 이송 로봇이 수시로 환경을 판단해 최적의 루트를 탐색한다. 소매 현장에서는 로봇이 모든 대화에 대응한다. 의료 분야에서는 영상 진단 장비로 영상을 재구성해 병변을 진단해서 지원한다. 이런 식으로 활용할 수 있다.

이는 거대한 컴퓨터가 모여 있는 데이터센터 클라우드가 아니라 PC나 태블릿 등의 엣지 단말기로 실시간 현장 대응이 가능해진다는 뜻이다.

엔지니어를 열광시켜라

오사키 부사장은 2024년 3월 14일자 〈닛케이산업신문〉의 마지막 칼럼에서 일본이 AI에서 앞서가기 위한 포인트를 세 가지로 정리했다.

첫 번째는 '엔지니어를 열광시킬 것'이다. 그러려면 AI 인프라에 투자해야 한다. 오사키 부사장은 쓸만한 컴퓨터만 있어도 눈을 반짝이며 일에 매진하는 엔지니어를 수없이 봐왔다고 한다. 지금 일본에 AI 엔지니어가 적다고 한탄만 하지 말고, 할 수 있는 일부터 하자고 말한다.

두 번째로는 '경영진의 기술 이해력과 감각, 신속한 판단, 그리고 도전'을 들었다. AI의 혁신은 세계 곳곳에서 국경을 넘어 산업과 기업의 경계를 넘나들고 있다. 그는 안테나를 더 높이 세워 이런 상황을 주시하라고 당부했다. 그렇게 하면 경영자 스스로 수긍하고 경영 판단을 내릴 수 있다는 것이다. "직원들을 설득하고 새로운 체제를 만들기 위해서는 경영자 본인의 말과 행동에 설득력이 있어야 한다"라고 덧붙였다.

마지막으로 꼽은 포인트는 '일본의 강점을 살려 AI 시너지 효과를 노릴 것'이다. 예컨대 일본의 강점인 메커트로닉스에 AI라는 두뇌를 넣으면 새로운 것을 만들어 낼 수 있다는 발상이다. 일본은 메커트로닉스를 도입한 로봇 강국이다. 모터 등 액추에이터나 센서 같은 하드웨어는 매우 강하다. 여기에 생성형 AI라는 두뇌를 더하면 한층 더 진화한다.

오사키 부사장의 칼럼을 읽어보면 황 CEO와의 alignment가 잘 느껴진다. 그가 일본 법인 대표인 만큼 당연히 일본 시장에서의 활동에 관심이 높을 테니 CEO와는 의견 차이가 있으리라 본다. 하지만 회사 차원에서 AI로 전환하겠다는 방향성에 대한 합의에는 전혀 흔들림이 없다. AI를 어떤 식으로 일본에 맞춰갈지에 대한 방향성을 모색하는 모습이 강하게 느껴진다.

가족에 감사하고 깊은 애정을 가져라

마지막으로 황 CEO의 개인적인 면도 언급하겠다. 그는 일만 생각하는 사람이기는 하지만 가족에게도 깊은 애정을 나타내는 모습이 여러 강연을 통해 드러난다. 앞서 언급한 칼텍 연설에서도 "졸업을 축하한다. 다만 부모님과 가족의 희생도 잊지 않았으면 한다. 감사의 마음을 담아 부모님과 가족에게 사랑을 표현하라"라고 말했다.

황 CEO는 1963년 대만에서 태어나 태국에서 유년 시절을 보내고 아홉 살 때 형과 함께 미국으로 건너갔다. 그 뒤 그의 부모님도 뒤따라 미국으로 향했다. 에어컨 제조사인 캐리어에서 근무했던 그의 아버지가 뉴욕에서 직원 연수를 받은 뒤 아이들을 미국에서 교육하고 싶다고 생각했기 때문이다. 대만 컨설팅회사 와이즈컨설팅그룹의 기사에 따르면, 젠슨 황 CEO는 "부모님의 꿈과 야망이 나를 만들었다"라고 말했다고 한다.

중학생 시절에는 탁구에 빠져, 15세가 된 1978년에는 전미 탁구선수권대회 주니어 복식 3위에 오르기도 했다고 전해진다.

고등학생이 되었을 때부터 컴퓨터에 열중하면서 오리건주립대학에서 컴퓨터과학과 반도체 칩 설계를 공부했는데, 대학 시절에 지금의 아내 로리와 만났다. 두 사람은 대학 졸업 후 실리콘밸리로 갔고, 젠슨 황은 AMD에서 반도체 칩 설계 일을 했다. 공부를 더 하고 싶었던 그는 스탠퍼드대학 대학원에 들어가 1992년 전기공학 석사 과정을 마치고 LSI로

직에 입사했다. 이때 말라초스키와 프리엠을 만나게 된다. 이 둘은 모두 선마이크로시스템스 출신이다. 이렇게 세 명이 모여 그래픽 칩 회사인 엔비디아를 창업하기에 이른다.

시작할 당시엔 그래픽 칩을 설계하는 팹리스 회사 중 하나에 지나지 않았으나, 지금은 고객과 함께 컴퓨터 보드와 컴퓨터까지 만들어 버린다. 필요한 소프트웨어나 소프트웨어 개발을 위한 툴까지 제공하는 플랫포머가 되었다.

이 그래픽 칩 설계 업체는 가속 컴퓨팅, AI 공장 또는 AI 파운드리로서 AI를 구현하려는 사람들을 지원하고 있다.

실리콘밸리는 분지

엔비디아를 비롯해 실리콘밸리에서 아메리칸 드림은 지금도 변함없다는 사실이 더 확실해졌다. 실리콘밸리는 어떤 곳일까?

실리콘밸리는 미국 캘리포니아주 샌프란시스코에서 남쪽으로 조금 내려간 위치에 있다. 실리콘밸리의 탄생은 트랜지스터를 발명한 인물 중 한 사람인 윌리엄 쇼클리가 마운틴뷰에 연구소를 설립한 데서 시작되었다고 알려진다. 그 후 반도체(실리콘) 기업이 많이 모여들었다는 점, 산맥 사이에 낀 골짜기(밸리)라는 점에서 실리콘밸리라는 이름이 붙었다. 다만 산과 산의 사이가 너무 넓어 골짜기로는 보이지 않는다. 광대한 분지라는 느낌이다.

예나 지금이나 반도체를 성장산업으로 보는 경향은 전혀 바뀌지 않았다. 1995년부터 2000년 무렵엔 고물가가 계속되어 실리콘밸리에서 살기 힘들다는 말이 나오기도 했고, 일시적으로 유입 인구보다 유출 인구가 많아진 적이 있었다.

실리콘밸리보다 살기 좋은 오리건주나 텍사스주로 기업이 옮겨가면서 이들 지역은 실리콘 포레스트(실리콘 숲), 실리콘 플레인(실리콘 평원)이라 불렸다.

그 후 IT와 디지털화에 의해 실리콘밸리는 다시 활기를 되찾았다. 한때 반도체 기업들이 다른 지역으로 떠나버린 듯 보이기도 했으나 이런 현상은 실리콘 반도체가 실리콘밸리에 집중되지 않고 각지로 퍼져나갔다고 봐야 할 것이다. 실리콘 포레스트도 실리콘 플레인도 각각 발전해 미국 반도체 업계를 지탱하고 있기 때문이다.

세상에서 가장 차별이 없는 지역

실리콘밸리에서는 가끔 어제의 친구가 적이 되고, 반대로 적에서 친구가 되는 일이 일어나기도 한다. 이를 상징하는 말이 프레너미(Frenemy, Friend와 Enemy의 합성어)다. 코피티션(Co-opetition)이라는 말도 있다. 이 단어도 협력(Cooperation)과 경쟁(Competition)을 조합한 말이다. 실리콘밸리에서는 고객사나 공급사 관계자뿐만 아니라, 때로는 경쟁사의 엔지니어와도 논의의 장이 펼쳐진다. 엔비디아 창업자들이 자주 찾은 레스토랑 데니스나 커피숍이 그 역할을 한다.

또 혼자서 창업하지 않고 동료들과 함께 창업하려는 자세가 실리콘밸리의 원동력이 되었다. "백지장도 맞들면 낫다"라는 말이 있듯이 혼자 생각하기보다 모두가 지혜를 모으면 더 좋은 결과가 나온다. 엔비디아 창업자 세 명의 토론은 이를 몸소 실천한 격이었다.

필자도 실리콘밸리에 출장 갈 때면 현지에 있는 지인이 "오늘 밤 ××커피숍에서 스탠퍼드대학 ○○교수님 강연이 있는데 가지 않겠냐" 하고 불러준다. 잡담을 나누며 다 같이 식사한 다음엔 강연을 듣고 질문을 퍼부으며 토론한다. 매일 밤, 거리 곳곳에서 이런 토론이 벌어지고 있어 최신 기술 동향을 파악할 수 있다.

미국은 차별과 싸워온 나라인데, 실리콘밸리의 또 한 가지 특징은 세계에서 제일 차별이 없는 지역이라는 점이다. 〈산호세 머큐리 뉴스〉 기자 출신으로 애널리스트인 스티브 라이트(Steve Light)가 소속된 시장조사 겸 투자회사 SVL그룹이, 하이테크 기업 CEO를 대상으로 조사를 했다. 그 결과 하이테크 기업에서 일하는 남녀의 비율은 여성이 51%이고 남성은 49%였으며, 엔지니어의 출신지를 보면 미국 국적의 미국인이 47%, 외국인이 53%라는 결과가 나왔다. 능력이 있으면 성별과 국적을 따지지 않는 지역이 실리콘밸리다.

옛날 동부 해안의 명성을 간직한 미국을 대표하는 지역에 살았던 지인은, 캘리포니아는 미국이 아니라고 말했다. '프레너미하고 코피티션

한' 지역이기에 더욱 세련되고 강력한 아이디어가 나오는지도 모르겠다.

걷지 말고 뛰어라

실리콘밸리에서는 기술 유출을 우려하기보다 그다음 기술을 개발해서 사업화하는 일에 집중한다. 기술이 유출되더라도 다음 기술을 개발해 두면 낡은 기술은 도태되어 신기술 개발이 최대의 방어가 된다는 사실을 알기 때문이다.

따라서 실리콘밸리에서는 무엇보다 'Time-to-Market(시장에 내놓기까지의 개발 기간)'이 중요하다. 그리고 제품 하나로 끝나지 않고, 그다음 제품으로 이어지는 확장성을 우선시한다. 최초로 시장에 내놓는 제품은 다음에 나올 제품의 파일럿이 되며 필요한 기능을 확장할 수 있도록 초기 제품을 설계해둔다.

마찬가지로 반도체 IC(집적회로)도 기본이 되는 플랫폼 설계를 최초의 제품에 담아둔다. 그러면 기능을 쉽게 추가해 바로 업그레이드할 수 있으니 1년마다 신제품을 시장에 내놓을 수 있다.

젠슨 황은 학생들에게 "걷지 말고, 뛰어라"라고 말한다. 과학기술이 급변하는 시대이고, 졸업 후에는 Time-to-Market이 중요하다는 사실을 젊은 학생들에게 전하고자 했다. 그들이 활약할 2040년에는 더욱 새로운 세상이 펼쳐질 것이다.

에필로그

40년 가까이 반도체 산업을 취재해 온 필자는 반도체 기업 최초로 시가총액 1조 달러를 넘어선 엔비디아를 조금은 흥미로운 시선으로 지켜보고 있었다.

지금도 기술 저널리스트로서 반도체를 중심으로 컴퓨터와 AI, 통신, 자동차(카 일렉트로닉스), 산업 로봇, 의료기기 등 반도체가 없으면 제 역할을 하지 못하는 응용 분야까지 범위를 넓혀 반도체 업계 전반을 다루면서 취재를 이어오고 있다.

게임용 그래픽 칩과 보드를 설계해온 엔비디아의 주력 제품인 GPU가 HPC(고성능) 컴퓨팅 기술과 슈퍼컴퓨터에 없어서는 안 될 존재가 되고, 나아가 인간의 뇌를 모방한 신경망을 이용하는 AI를 추진하고 있는 사실도 지켜봐왔다.

또 컴퓨터와 통신에 관한 한, IT와 디지털 시스템을 더욱 고도화하고 저소비전력으로 만들기 위해서는 역시 반도체가 핵심이라는 사실을 알게 된다.

물론 AI의 성능을 높일수록 반도체 기술에서 멀어지지 못한다. 생성형 AI를 개발한 오픈AI의 샘 올트먼 CEO도 같은 길을 걷고 있다.

결국 AI로 무언가를 하려는 기업은 직접 AI 칩을 설계하지 않으면 성능이나 소비전력에 만족할 수 없다. PC의 아버지인 앨런 케이의 "소프트웨어에 대해 정말로 진지한 사람은 자신의 하드웨어를 만들 것이다"라는 말은 여기에서도 살아 숨 쉬고 있다.

앨런 케이의 말은 과거 스티브 잡스가 아이폰을 처음 발표했을 때도 인용된 바 있는데, AI 시대에 들어선 현재까지도 이 말의 효력이 살아있다는 것을 실감한다. 그것을 행동으로 보여주고 있는 기업이 바로 엔비디아다.

엔비디아는 하드웨어 칩 설계는 물론 칩의 성능을 높여줄 소프트웨어 쿠다도 개발해 AI 관련 다양한 라이브러리까지 갖춘 기업이다. 지금의 엔비디아를 만들어 낸 이가 리더인 젠슨 황이다.

이 책을 집필하는 동안 엔비디아의 주가가 상승하여 일시적이나마 1위인 마이크로소프트까지 뛰어넘으면서 세계에서 제일 비싼 기업이 되었다. 지금은 안정되기는 했으나 주가에 반영될 만큼 AI 기술에 뛰어난 기업이라는 점은 분명하다. 이 책에는 반도체를 좇아 필자가 직접 취재하며 보아온 엔비디아의 모습을 담았다.

이번 책을 출판하는 데 애써준 PHP 연구소의 호리이 기쿠코 님에게 감사하는 마음을 가득 담아서 전하고 싶다. 그녀가 없었다면 아마도 이 책은 세상에 나오지 못했을 것이다. 이 책에 많은 도움을 주신 여러분에게 깊은 감사의 말씀을 드린다.

2024년 8월

츠다 켄지

자료 출처

1-1, 1-3, 2-1, 2-3, 8-1, 8-2, 9-1, 9-2, 9-3, 9-4, 9-5, 9-6, 9-7, 11-4
엔비디아 뉴스룸

1-2 https://en.wikipedia.org/wiki/File:Dolphin_triangle_mesh.png

2-2 지멘스, 엔비디아

3-1 https://ja.wikipedia.org/wiki/%E8%8D%92%E9%87%8E%E3%81%AE%E4%B8%83%E4%BA%BA#/media/%E3%83%95%E3%82%A1%E3%82%A4%E3%83%AB:The_Magnificent_Seven_cast_publicity_photo.jpg

3-2 2024년 컴퓨텍스 타이베이 2024에서의 기조연설 영상에서 스크린 캡처

3-3 각 사 결산 발표 자료를 바탕으로 저자가 정리함

3-4 엔비디아의 결산 발표 자료를 바탕으로 저자가 정리함

3-5 https://www.pinecone.io/learn/series/image-search/imagenet/

4-3, 8-3, 8-4, 10-4, 11-2 저자가 촬영함

4-1 TrendForce의 자료를 바탕으로 저자가 정리함

4-2 IC Insight (현 Techinsights)

4-4 https://ja.wikipedia.org/wiki/%E3%83%AA%E3%83%AA%E3%83%BB%E3%82%B3%E3%83%B3%E3%82%A6%E3%82%A7%E3%82%A4

5-1, 5-2, 6-1, 6-2, 7-1 각 자료로부터 저자가 작성함

8-5, 8-6, 8-7, 8-8 엔비디아의 애뉴얼리포트를 바탕으로 저자가 정리함

8-9 TOP500 자료를 저자가 정리함

10-1 셀레브라스

10-2, 10-3, 11-3 일본 IBM

11-1 'I Am AI | NVIDIA GTC 2024 | Official Keynote Intro' (https://youtu.be/jMW8_YVFgzY?si=4n5tGeW2VaupBBfx) 스크린 캡처